Prof. Dr. Michael Resch

DIGITALWÜSTE
DEUTSCHLAND

Kommunikation per Fax, digitale Bildungslücken –
Wie die Verweigerung von mehr Digitalisierung
die Zukunft unseres Landes bedroht

WILHELM HEYNE VERLAG
MÜNCHEN

Penguin Random House Verlagsgruppe FSC® N001967

Originalausgabe 09/2022

Copyright © 2022 by Wilhelm Heyne Verlag, München,
in der Penguin Random House Verlagsgruppe GmbH,
Neumarkter Straße 28, 81673 München
Redaktion: Evelyn Boos-Körner
Umschlaggestaltung: Hauptmann & Kompanie Werbeagentur, Zürich
Satz: Satzwerk Huber, Germering
Druck: CPI books GmbH, Leck
Printed in Germany
ISBN: 978-3-453-60627-2

www.heyne.de

Für meine Kinder Zoe, Paul, Anna und Jacob,
die in der Welt leben müssen, die wir ihnen hinterlassen

INHALT

VORWORT

Als Ende Februar 2020 klar wurde, dass auch Deutschland von der Corona-Pandemie erfasst werden würde, begannen die Prozesse der Pandemiebekämpfung langsam und zunächst zögerlich, später wurden sie massiv und mitunter hektisch. Die ersten Fragen waren die nach Schutzmasken und Schutzanzügen. Medizinische Überlegungen standen im Vordergrund. Zwei Monate herrschte die allgemeine Ansicht vor, Deutschland sei gut vorbereitet auf das Virus. Die Realität belehrte uns eines Besseren. Schnell wurde aber auch klar, dass die Pandemie nicht nur die Medizin vor Herausforderungen stellte, sondern unser gesamtes deutsches System einem Stresstest aussetzte, den die Bundesrepublik seit dem Zweiten Weltkrieg so nicht mehr erlebt hatte.

Das Land musste auf einen »Virusmodus« umgestellt werden, nachdem schnell deutlich geworden war, dass sich das Virus nicht lokal begrenzen lassen würde. Arbeit, Schule, Behörden – das gesamte Leben musste entweder neu organisiert oder eingestellt werden. Digitalisierung wurde plötzlich zur zentralen Forderung, und die Pandemie zeigte innerhalb kürzester Zeit gnadenlos die Defizite der Digitalisierung in Deutschland auf.

Binnen zwei Wochen stattete unser Zentrum – das HLRS der Universität Stuttgart – alle Mitarbeiterinnen und Mitarbeiter mit Laptops aus und machte das Zentrum zu beinahe 100 Prozent onlinefähig. Einzig der Betrieb der Gebäude und Rechenanlagen erforderte zeitweise noch Menschen vor Ort. Die Lehre an der Universität Stuttgart wurde binnen sechs Wochen auf online umgestellt, zwar mit Problemen, aber doch einigermaßen erfolgreich und flächendeckend.

Andere Bereiche waren deutlich schlechter auf diese Situation vorbereitet. Die Defizite der letzten Jahre in der Digitalisierung wurden schlagartig sichtbar. Die Digitalisierung des Unterrichts an Schulen stieß rasch an technische und organisatorische Grenzen. Anfang 2022 – nach zwei Jahren Unterricht unter Pandemie-Bedingungen – wurde deutlich, welche Schäden die Pandemie in der Schulbildung angerichtet hatte, weil Schülerinnen und Schüler wochenlang nur eingeschränkt unterrichtet worden waren.

Auch in anderen Bereichen zeigten sich die Defizite in der Digitalisierung. Behördengänge waren unmöglich. Digitalisierte Dienste der Behörden waren kaum vorhanden. Mitarbeiterinnen und Mitarbeiter in den Behörden gaben ihr Bestes und scheiterten doch immer wieder an fehlender Digitalisierung, denn Unterschriften hätten erbracht, Ausweise geprüft oder Gespräche geführt werden müssen, die aufgrund von Hygienemaßnahmen nicht oder nur eingeschränkt möglich waren.

Die Mängel in der Digitalisierung gingen aber noch tiefer, als in diesen Beispielen deutlich wird. Digitale Netze waren überlastet. Klare Vorgaben für die Umstellung von persönlichen Services auf digitale Services fehlten. Lehrende an Schulen und Hochschulen waren nicht vorbereitet auf die didaktischen und pädagogischen Herausforderungen. Das Land war schlichtweg in der Digitalisierung hinter den industriellen Standards moderner Staaten zurückgeblieben.

Dieses Buch will nicht versuchen, Schuld zuzuweisen. Das ist nicht das, was das Land braucht. Probleme der Digitalisierung begleiten uns seit längerer Zeit. Wir haben es in vielen Bereichen nicht geschafft, Deutschland digital aufzustellen. Damit haben wir viele Potenziale verschenkt und sind auch in einigen Bereichen im internationalen Wettbewerb in Rückstand geraten. Dieses Buch will versuchen, die schwierige Situation, die uns die Pandemie aufgezeigt hat, zu nutzen, um für die Zukunft besser aufgestellt zu sein. Jetzt ist der Moment, in dem allen klar geworden ist, welche Potenziale in der Digitalisierung stecken und welche Gefahren darin liegen, wenn wir die Digitalisierung in Deutschland nicht sehr zügig umsetzen. In dem Maß, wie die Pandemie nachlässt und wir zur Normalität zurückkehren, besteht die Gefahr, dass wir uns wieder zurückfallen lassen in die Zeit vor der Pandemie. Noch ist allen klar, warum Digitalisierung notwendig ist für dieses Land. In einem Jahr sind wir vielleicht wieder im Normalzustand und schieben die Digitalisierung wieder dorthin, wo sie in den letzten 20 Jahren war – auf die lange Bank. Das darf uns nicht passieren. Fehlende Netzinfrastruktur, fehlende digitale Services, mangelnde digitale Bildung und vor allem mangelndes Verständnis für die Digitalisierung sind zwar nach der Pandemie nicht mehr so augenfällig, aber sie begleiten uns auch weiter und behindern uns in Bildung, Verwaltung und Wirtschaft. Die Pandemie muss als Weckruf verstanden werden, um jetzt die großen Herausforderungen der Digitalisierung in ihrer ganzen Breite anzugehen. Wir müssen die Potenziale der Digitalisierung in allen Bereichen nutzen. Wir müssen uns den Problemen und Risiken der Digitalisierung stellen und Lösungen finden.

Deutschland ist in einigen Bereichen in der Digitalisierung durchaus gut aufgestellt. Die deutsche Forschung positioniert sich im Spitzenfeld der IT-Forschung weltweit. Die deutsche Industrie hat eine Führungsrolle in der Prozess-Digitalisierung übernom-

men. Davon kann die Gesellschaft als Ganzes lernen und profitieren. Aber es geht dabei nicht um eine gedankenlose Digitalisierung um der Digitalisierung willen. Unterricht wird nicht besser,
nur weil ein Text statt mit Kreide an eine Tafel mit einem Stift auf
eine digitale Tafel geschrieben wird. Verwaltungsvorgänge werden
nicht effizienter, nur weil ein Formular digital statt analog ausgefüllt wird.

Es geht darum, die Digitalisierung zu nutzen, um mehr und bessere Leistungen für alle Menschen in diesem Land zu erreichen.
Daher ist das keine Aufgabe nur für die Informatik, sondern vor
allem für die Menschen, die diese Leistungen erbringen und für die
diese Leistungen erbracht werden. Wir brauchen Lehrkräfte, die
sich neue Methoden der Wissensvermittlung überlegen, bei denen
Lernende und Lehrende besser, schneller und einfacher miteinander lernen können. Wir brauchen Mitarbeiterinnen und Mitarbeiter in den Verwaltungen, die die Digitalisierung nutzen, um ihre
Dienste schneller, einfacher und sicherer allen Bürgerinnen und
Bürgern in diesem Land zugänglich zu machen, denn davon profitieren wir alle.

Dieses Buch ist das Ergebnis langer Diskussionen mit Menschen
aus ganz unterschiedlichen Bereichen – aus Schulen, Behörden,
mittelständischen Firmen, Großkonzernen, Handwerksbetrieben,
Altenheimen, Kindergärten, Krankenhäusern und vielen weiteren
Einrichtungen. In all diesen Bereichen wurde sichtbar, dass Digitalisierung helfen kann. Aber in all diesen Diskussionen wurde auch
sichtbar, dass es die Menschen in den Einrichtungen selbst sind,
die die Digitalisierung vorantreiben müssen. Viel zu oft wird Digitalisierung verstanden als der Kauf von Rechnern und Program-
men, die zusammen alle Probleme lösen können. Und viel zu oft
scheitern diese Ansätze der Digitalisierung, weil diejenigen, die die

Programme entwickeln, nicht wissen, was im echten Leben passiert.

Digitalisierung kann aber nur gelingen, wenn alle Betroffenen und Beteiligten an einem Strang ziehen und sich gemeinsam auf den Weg machen für bessere Lösungen in ihrem Leben, sei es in der Bildung, sei es in der Verwaltung oder sei es in den vielen anderen Bereichen unseres Lebens, in denen Services schneller, besser und manchmal auch billiger geleistet werden könnten. Dafür müssen sie gerüstet sein. Sie müssen verstehen, was Digitalisierung bedeutet und was sie möglich macht. Sie müssen aber auch bereit sein, zu verstehen, welche Risiken mit der Digitalisierung verbunden sind – insbesondere in Bereichen, in denen digitale Systeme schnell und automatisch über unser Leben entscheiden. In diesem Sinn versucht dieses Buch, nicht nur deutlich zu machen, wo die Defizite in Deutschland liegen, sondern auch aufzuzeigen, dass und inwiefern wir unsere Einstellung zur Digitalisierung überdenken müssen. Und wenn ich »wir« schreibe, meine ich tatsächlich uns alle. In diesem Sinn hoffe ich, dass dieses Buch aufrüttelt, als Aufruf zum Nachdenken und Handeln wirken kann und hilft, ein Umdenken einzuleiten, bevor wir international den Anschluss in der Digitalisierung verlieren. Dieses Land hat es verdient, dass wir es digital fit für die Zukunft machen!

Im Lauf der letzten 20 Jahre habe ich mit vielen Menschen diskutiert, und viele ihrer Ideen sind in dieses Buch eingeflossen. Mein Dank gilt daher allen, die bereit waren, mit mir über diese Themen zu diskutieren. Alle klugen Ideen dieser Menschen sind in dieses Buch eingeflossen. Alle Fehler des Buches nehme ich dagegen auf meine Kappe. Ich kann zu meiner Verteidigung nur ins Feld führen, dass ich dieses Buch nicht in der Hoffnung geschrieben habe, zu allem alles sagen zu können, sondern in dem Wissen, mit der Erfahrung von 35 Jahren Digitalisierung einen Weckruf formulieren zu können, der weder perfekt noch umfassend sein kann.

Besonderer Dank gilt denen, die mich bei diesem Buch begleitet haben. C. P. Hutter danke ich für die Ermutigung dazu, dieses Buch überhaupt zu schreiben. Dem Verlag danke ich für die Bereitschaft, mit einem unbekannten Autor das Risiko eines solchen Buches einzugehen. Friederike Achter danke ich für die umsichtige Begleitung bei der Entstehung des Buches und für die vielen klugen Hinweise, die den Text verbessert haben. Frau Evelyn Boos-Körner danke ich für das umsichtige und kluge Lektorat dieses kleinen Buches.

EINLEITUNG

Als Ende Februar 2020 der erste Corona-Fall in Deutschland entdeckt wurde, war schnell offensichtlich, dass die Beschwichtigungen und die Verweise auf die sehr gute Vorbereitung des Landes auf eine Pandemie wohl eher ein Pfeifen im Walde waren. Erst zögerlich und dann hektisch begannen die Prozesse der Pandemiebekämpfung und zeigten nach und nach ihre Wirkung. Das Robert Koch-Institut (RKI) veröffentlichte am 18. März 2020 auf seiner Webseite dazu eine Information für alle Gesundheitsämter, in der es hieß:

Das Robert Koch-Institut schlägt den Gesundheitsämtern und zuständigen Landesbehörden vor, folgendes Faxformular für die Übermittlung gemäß § 12 IfSG zu verwenden.

Das Fax und nicht das Internet mit seinen digitalen Plattformen und Möglichkeiten der direkten und unmittelbaren Kommunikation war also zu Beginn der Pandemie das Mittel der Kommunikation im Kampf gegen ein Virus, das sich binnen weniger Monate über die ganze Welt ausbreitete und bis März 2022 mehr als 6 Millionen registrierte Todesopfer forderte. Während deutschlandweit also – mit Verspätung und oft nur von Montag bis Freitag – über Fax Daten eingesammelt wurden, breitete sich das Virus rund um die Uhr weiter aus und hinterließ in der ersten – wie sich bald zeigen sollte, harmlosen – Welle bereits rund 8.000 Tote. Das Virus agierte schneller und effektiver als unsere Behörden kommunizieren konnten, und das sollte auch einige Zeit so bleiben.

Die Horrorszenarien aus Bergamo blieben Deutschland dank engagierter medizinischer Kräfte und eines – noch – nicht auf absolute Wirtschaftlichkeit getrimmten Krankenhaussystems erspart. Die erste Forderung eines Berichts der Nationalen Akademie der Wissenschaften zum Verhältnis von Ökonomie und Medizin in Deutschland aus dem Jahr 2016, die von vielen als Aufforderung zu weiteren Einsparungen im Krankenhauswesen gedeutet wurde, war glücklicherweise noch nicht umgesetzt worden. Sie lautete:»Es ist daher ethisch geboten, das Gesundheitssystem wirtschaftlich, effektiv und effizient zu gestalten.«[1] Auch das Thema der Digitalisierung fand übrigens seinen Platz in diesem Bericht, aber auch hier nicht unter dem Aspekt der besseren medizinischen Versorgung, sondern unter einem rein kostentechnischen Aspekt:»Fehlende Daten und Digitalisierungsinfrastrukturen bedeuten in der Konsequenz fehlendes Wissen, etwa über Abläufe, über mögliche Über- und Unterversorgung oder über den Nutzen von Therapien.«

Wie wenig die Digitalisierung in Deutschland das Denken und Arbeiten und die daran geknüpften Prozesse verändert hatte, sollte sich im Lauf der Pandemie noch sehr viel deutlicher und in vielen verschiedenen Bereichen zeigen. Am schlimmsten betroffen waren Schulen, die weitgehend unvorbereitet plötzlich vor der Aufgabe standen, den Unterricht für Kinder zu organisieren, die gar nicht in der Schule waren – weil sie dort nicht sein durften. Lehrende,

---

1 Leopoldina Nationale Akademie der Wissenschaften, *Zum Verhältnis von Medizin und Ökonomie im deutschen Gesundheitssystem*, Oktober 2016, https://www.leopoldina.org/uploads/tx_leopublication/Leo_Diskussion_Medizin_und_Oekonomie_2016.pdf

Eltern, Schulen, Kinder, Jugendliche und Ministerien waren gleichermaßen überrumpelt von den plötzlichen Anforderungen des Lockdowns und sind es bis heute. Betroffen waren aber auch Behörden, deren Prozesse nicht oder nur minimal digitalisiert waren und die nun plötzlich Anfragen, Anträge und Bescheide digital bearbeiten und beantworten mussten. Universitäten und Hochschulen waren gezwungen, online mit Studierenden zu kommunizieren, wo bisher das persönliche Auftreten der Professorenschaft das Bild der Lehre geprägt hatte. Und während Länder wie Taiwan, Japan und Südkorea digitale Mittel einsetzten, um die Pandemie in den Griff zu bekommen, scheiterte die Bundesrepublik daran, eine Corona-App so flächendeckend einzusetzen, dass ein Effekt in der Pandemiebekämpfung möglich gewesen wäre. Auch Anfang 2022 war die Digitalisierung nicht so weit fortgeschritten, dass ein klares Bild der Lage (Zahl der Infizierten, Zahl der Hospitalisierten, Zahl der Intensivpatienten, Zahl der Geimpften) täglich korrekt verfügbar gewesen wäre. Wissenschaft und Politik spekulierten weiterhin darüber, wie viele Erkrankte, Genesene und Geimpfte es wohl in der Bundesrepublik geben könne. Erst als sich Ende 2021 eine mögliche Impfpflicht abzeichnete, kam die Idee auf, durch ein nationales Impfregister zu erfassen, wer denn nun eigentlich – und wenn ja, wie oft – geimpft sei. Dass dieses Impfregister digital sein sollte, war da noch nicht einmal andiskutiert.

Die durch das Corona-Virus ausgelöste Krise machte eine der großen Schwächen der Bundesrepublik Deutschland im internationalen Vergleich mit anderen Industriestaaten auf geradezu dramatische Art und Weise sichtbar. Der Rückstand in der Digitalisierung – der zuvor wortreich in Wahlkämpfen beklagt und dessen Behebung ebenso wortreich angekündigt worden war – machte es unmöglich, auf die

Pandemie angemessen zu reagieren, ihre Folgen auf der Basis korrekter Zahlen abzuschätzen und Maßnahmen so schnell und zielgenau zu setzen, wie es notwendig gewesen wäre. Dieser Rückstand ließ sich, trotz der eingesetzten erheblichen finanziellen Mittel, auch nicht so schnell aufholen, dass es für die Bekämpfung der Pandemie noch einen Unterschied hätte machen können. Schonungslos legte die Pandemie täglich die Versäumnisse von Jahrzehnten offen.

Aber die Situation kam nicht überraschend. Das European Center for Digital Competitiveness (ECDC) macht in seinem »Digital Riser«-Report wiederholt darauf aufmerksam, dass Deutschland digital international abgehängt wird. Immer wieder berichteten und berichten Medien darüber, dass Deutschland in einer Reihe digitaler Fragestellungen anderen Ländern in Europa, Amerika und Asien hinterherhinkt. Die fehlende Versorgung des Landes mit Glasfaser – auch das ein Projekt, das seit Jahren im Gespräch ist – ist dabei nur eines von vielen Beispielen.

Dabei steht Deutschland in einigen Bereichen der Digitalisierung durchaus an der Spitze. Die Einführung der Digitalisierung in den Fabriken deutscher Automobilhersteller gilt weltweit als beispielhaft, machte sie es doch möglich, sowohl die Produktivität zu erhöhen als auch – entgegen allen Unkenrufen von Kritikern der Digitalisierung – Arbeitsplätze zu sichern. Unter dem Schlagwort der »Industrie 4.0« setzte und setzt die deutsche Industrie Standards für die Digitalisierung in der Fertigung. Im Banken- und Versicherungswesen gelang in den letzten Jahren der Umstieg auf Online-Angebote. Verbunden mit einem Stellenabbau und nicht immer optimal, aber doch zielgerichtet und mit einer hohen Qualität an Services für die Kundinnen und Kunden.

Deutschland kann also Digitalisierung, ist in manchen Industriebereichen weltweit sogar an der Spitze, und trotzdem wird die

Digitalisierung in vielen Bereichen nicht, schlecht oder kaum umgesetzt. Bürgerinnen und Bürger sowie Konsumentinnen und Konsumenten stehen immer wieder vor digitalen Wüsten, wo blühende Landschaften möglich oder sogar notwendig wären. Grundlegende Services sind digital nicht verfügbar, Formulare auf Papier begleiten uns nach wie vor durchs Leben. Die Gründe für diese zwiespältige Entwicklung sind vielfältig. Sie sollen in diesem Buch anhand von Beispielen vorgestellt und diskutiert werden.

Einer der wichtigsten Gründe für die offenbare mentale Distanz zwischen Deutschland und der Digitalisierung dürfte die deutsche Tendenz sein, in den Dingen – anders als etwa Menschen in den USA, Japan oder China – immer zuerst die Probleme und Gefahren zu erkennen. Deshalb will dieses Buch nicht nur aufzeigen, was schiefläuft, sondern auch Wege in eine positive digitale Zukunft darstellen, die es uns erlauben sollen, den Rückstand aufzuholen.

Der Einsatz von Faxgeräten am RKI für die Meldung von COVID-19-Infektionen war nur ein Beispiel dafür, wie die Pandemie in Deutschland verdeutlicht hat, dass Deutschland digital überfordert ist. Gleichzeitig hat die Pandemie aber auch den Druck erhöht, die digitalen Defizite abzubauen. Anfang 2021 gab der damalige Gesundheitsminister Spahn schließlich bekannt, dass man vom Fax nun endgültig auf die digitale Übermittlung von Daten umgestiegen sei. Kein großer Fortschritt, aber immerhin ein Schritt in die richtige Richtung.

Auch wenn die Pandemie ein negatives Jahrhundertereignis ist, hat sie doch den Blick auf einige wesentliche Bereiche unseres täglichen Lebens gelenkt, sodass die dortigen Probleme deutlich wurden.

- **Digitale Infrastruktur:** Während in anderen europäischen Ländern der Ausbau des Netzes und die Nutzung neuester Standards höchste Priorität hat, ist Deutschland noch immer von einem Satz der ehemaligen deutschen Bundesbildungsministerin Anja Karliczek geprägt: »5G ist nicht an jeder Milchkanne notwendig.«[2] Diese Aussage spiegelt jedoch nur die allgemeine Einstellung zum Thema der Vernetzung und Digitalisierung wider. Randgebiete wie die Schwäbische Alb, aber auch zentrale Wirtschaftsstandorte wie Stuttgart leiden daher im internationalen Vergleich an nicht konkurrenzfähiger Netzinfrastruktur. Der Turnschuhtransfer von Daten – bei dem Mitarbeitende im Taxi oder Dienstwagen Daten auf Festplatte transportieren, weil das schneller geht, als sie per Internet zu schicken – ist noch immer Routine. Fehlende Breitbandnetze sind aber zunehmend ein Standortnachteil. Nicht nur in der innerdeutschen Konkurrenz um die beste Infrastruktur geraten ländliche Gegenden immer mehr ins Abseits. Auch im internationalen Wettbewerb um Firmen und Köpfe wird das Fehlen einer der wichtigsten Infrastrukturen zum gravierenden Nachteil.

- **Behörden und Verwaltungen:** Nach wie vor setzt man in deutschen Behörden und Verwaltungen auf das Papierformular. Die meisten Dinge kann man nur direkt im Amt erledigen. Die Möglichkeiten der Digitalisierung, Dinge auch online zu erledigen, werden kaum genutzt. Dabei fällt vor allem auf, dass Digitalisierung mitunter eingesetzt wird, dass aber dabei im Wesentlichen nur die Möglichkeit der einfacheren Speicherung von Daten genutzt wird oder die Möglichkeit, Daten auch digital auszutauschen. Die Möglichkeiten, Prozesse durch Digitalisierung zu ver-

---

2 https://www.wiwo.de/politik/deutschland/forschungsministerin-karliczek-5g-ist-nicht-an-jeder-milchkanne-notwendig/23663688.html

einfachen, werden dagegen kaum genutzt. Wenn aber eine Kfz-Zulassungsstelle die Zulassungsdaten alle digital speichert, so ist damit noch niemandem geholfen. Erst wenn der Prozess der Fahrzeuganmeldung oder Fahrzeugummeldung von Kundinnen und Kunden digital durchgeführt werden kann – etwa über ein Webportal –, ist Digitalisierung wirklich hilfreich. Die Verwaltung ist hier oft in den bisherigen Prozessen gefangen und sieht das Potenzial gar nicht, sich durch Digitalisierung das Leben zu erleichtern bzw. für die Kundinnen und Kunden auch eine Verbesserung bzw. Beschleunigung von Prozessen zu erzielen. Dass Bürgerinnen und Bürger oft nicht als Kundschaft verstanden werden bzw. dass Ämter und Behörden untereinander nicht im Wettbewerb konkurrieren, spielt sicher auch eine Rolle dabei, wie schnell digitalisiert wird, um den Service zu verbessern. Zentral ist hier die Frage nach der sicheren und zuverlässigen digitalen Identität und dem sicheren und zuverlässigen Zugang zu den Services. Nur wenn diese beiden Probleme auch gelöst werden, können Services entwickelt werden und werden Menschen diese Services auch auf Dauer nutzen.

- **Bildung:** Wenn es um Digitalisierung geht, wird kaum ein Bereich in Deutschland so heftig diskutiert wie der Bereich der Bildung. Allen Beteiligten und Betroffenen ist klar, dass Digitalisierung in der Bildung und für die Bildung eine große Rolle spielt, wenn Deutschland seinen Rückstand in der Digitalisierung aufholen möchte. Dennoch findet Digitalisierung an Deutschlands Schulen kaum statt. Weder werden flächendeckend die Möglichkeiten genutzt, digitale Lernplattformen einzusetzen, noch wird den Schülerinnen und Schülern das nötige Rüstzeug vermittelt, um in einer digitalen Welt zu bestehen. Der Trend geht eher in die andere Richtung: Digitale Bildungsplattformen werden abgelehnt, weil sie vornehmlich unter dem Aspekt der Datensicherheit betrachtet werden. Informatikunterricht gerät ins Hintertreffen, weil das negative Image der Digitalisierung sowohl Eltern als auch Lehrende zögern lässt, Kinder und Jugendliche diesem neuen Konzept auszusetzen.

- **Arbeitswelt:** Die Digitalisierung ist in der Arbeitswelt längst angekommen. In vielen Bereichen ist der Arbeitsort prinzipiell nur noch davon abhängig, ob eine ausreichende und sichere Internet-Verbindung zum arbeitgebenden Unternehmen bzw. zu den Daten besteht. Verwaltungen, Entwicklungsabteilungen, Forschungsbereiche und viele mehr könnten schon heute unabhängig vom Ort ihre Leistung erbringen. Gleichzeitig ergeben sich damit Potenziale für die Vereinbarkeit von Familie und Beruf, aber auch für die Vermeidung von Verkehrsproblemen und hohen Bürokosten. Trotzdem war Homeoffice vor Corona die Ausnahme und läuft Gefahr, auch nach Corona wieder ein Nischendasein zu führen.

Diesen digital wenig entwickelten Bereichen steht ein Bereich gegenüber, in dem Deutschland zeigt, was digital möglich ist. Weitgehend unbemerkt hat sich das Land nämlich zum Vorreiter im Bereich der digitalen Produktion entwickelt. Getrieben wurde das von Kooperationen zwischen Forschungseinrichtungen wie der Fraunhofer Gesellschaft und verschiedenen Universitäten einerseits sowie innovativen Konzernen wie Daimler oder Siemens, aber auch Mittelständlern wie Fischer andererseits. Das Ergebnis dieser wirtschaftlichen Digitalisierungsinitiative ist unter dem Schlagwort »Industrie 4.0« weltweit bekannt geworden. International wird es oft mit dem Konzept der Digital Factory verbunden, geht aber weit darüber hinaus. Deutschland ist also durchaus fähig, digitale Spitzenleistung zu liefern, wenn diese gewollt und gezielt gefördert wird. Warum die Digitalisierung dann in Deutschland in so vielen Bereichen trotzdem nicht Einzug hält, ist zunächst unklar. Zwei große Themen sind es, auf die wir im Rahmen dieses Buches immer wieder treffen werden, und die sich als Hindernisse erweisen. Es sind die zwei wichtigsten Punkte in den meisten Debatten über Digitalisierung. Sie drücken aus, wie wir als Gesellschaft zur Digitalisierung stehen. Sie sind geprägt von der Geschichte des Landes sowohl hinsichtlich des Versagens als auch hinsichtlich der Erfolge.

- **Datenschutz:** Datenschutz spielt in Deutschland eine ungleich größere Rolle als in vielen anderen Ländern. Die Menschen scheinen hierzulande besonders sensibel, wenn es darum geht, ihre eigenen Daten vor dem Zugriff anderer – und insbesondere des Staates – zu schützen. Dies ist sicherlich eng mit der Geschichte des Landes im 20. Jahrhundert verbunden.[3]
Der Holocaust gilt unter Fachleuten als eines der ersten Beispiele dafür, wie mithilfe von zentral gesammelten Daten staatliche Maßnahmen gegen eine ganze Bevölkerungsgruppe gerichtet werden können. Tatsächlich waren es die Daten, die mithilfe von Lochkarten gesammelt und verarbeitet wurden, die die systematische Verschleppung und Tötung massiv unterstützt bzw. erst so beinahe reibungslos möglich gemacht haben. Auch wenn die technischen Hintergründe nicht allgemein bekannt sind, hat doch die Geschichte Deutschlands ein Misstrauen gegenüber dem Staat und seinem Interesse an Daten hinterlassen, das sich

---

3 Vgl. Edwin Black, *IBM and the Holocaust*, Crown Publishers, New York, 1999

dann sehr sichtbar in den Protesten gegen die Volkszählung 1983 in Deutschland ausgedrückt hat.

Die Digitalisierung stößt also beim Thema Daten auf einen historischen Ballast, der Deutsche besonders empfindlich macht, wenn es um die Nutzung von Daten im öffentlichen, aber auch im privaten Raum geht. Bei der Zahl der Facebook-Accounts liegt Deutschland zum Beispiel weltweit im letzten Drittel und lässt unter den Industrieländern nur noch Japan hinter sich.[4] Digitalisierung aber basiert in weiten Teilen auf der Nutzung von Daten. Daten sind tatsächlich der Rohstoff der Digitalisierung, aus dem die wertvollen Services entstehen, die unser Leben verbessern können. Deutschlands Verhältnis zur Digitalisierung muss also auch vor dem Hintergrund des Datenschutzes betrachtet werden. Dabei wäre es fatal, den Datenschutz einfach aufzuweichen oder gar zu ignorieren. Die zentrale Frage ist jedoch, wie viel Datenschutz an welcher Stelle notwendig ist und wie viel Datenzugriff an welcher Stelle erwünscht ist.

- **Klassische Bildung:** Digitalisierung erfordert – wie jede neue Technologie – Wissen und Verständnis. Diese werden in Deutschland zunächst über die Bildungseinrichtungen vermittelt. An deutschen Bildungseinrichtungen gilt jedoch Digitalisierung in zweierlei Hinsicht als problematisch. Zum einen wird Digitalisierung bzw. die zu ihr gehörende Informatik als Konkurrenz zu den klassischen Bildungsthemen gesehen. Immer wieder kommt daher die Frage auf: Was sollen wir denn streichen, um Digitalisierung im Bildungskanon zu verankern? Meist wird dabei ver-

---

4 https://worldpopulationreview.com/country-rankings/facebook-users-by-country

mutet, dass das gute alte Latein der Informatik zum Opfer fallen könnte. Zum anderen gilt Digitalisierung als eine reine Anwendungstechnik, deren Grundlagen (Informatik) nicht notwendigerweise erlernt werden müssen. Die Forderung nach einem »zeitgemäßen Informatikunterricht ab der Grundschule« stand zwar schon 2013 im Koalitionsvertrag von CDU, CSU und SPD.[5] Aber die Kultusministerkonferenz hält noch im Dezember 2021 fest: »Die Anbahnung grundlegender informatischer Kompetenzen im Rahmen bestehender Unterrichtsfächer kann z. B. durch die Einführung eines entsprechenden verpflichtenden Unterrichtsfachs an allgemeinbildenden Schulen ergänzt werden, das Themen der Informatik und Mediengesellschaft aufgreift.«[6] und erklärt damit Informatik zu einer allenfalls sinnvollen, aber nicht unbedingt notwendigen Ergänzung des Lehrplans. Mangelndes Verständnis für die Digitalisierung ist in Deutschland also kein Zufall. Sie wird von berufener Stelle als nicht bedeutend genug eingestuft.

Allen diesen Aspekten und Fragestellungen bin ich als Wissenschaftler, Bürger, Vater von vier Kindern und in vielen weiteren Rollen im Lauf der letzten 25 Jahre in Deutschland begegnet. Die Corona-Pandemie war nun der Anlass, einen Blick auf all diese Aspekte zu werfen. Dabei sollen die Schwächen in den Blick genommen werden, ohne die Stärken zu verschweigen.

5 *Deutschlands Zukunft gestalten* – Koalitionsvertrag zwischen CDU, CSU und SPD, 18. Legislaturperiode
6 Kultusministerkonferenz, *Lehren und Lernen in der digitalen Welt* – Die ergänzende Empfehlung zur Strategie »Bildung in der digitalen Welt«, 9.12.2021

1 DIGITALE INFRASTRUKTUR

Auf meinem Weg von der Universität in Stuttgart-Vaihingen zu meiner Wohnung am Stuttgarter Killesberg fahre ich etwa 20 bis 30 Minuten im Stadtgebiet von Stuttgart. Die letzten rund 15 Minuten stehe ich oft im Verkehrsstau. Diese Zeit nutze ich meistens, um zu telefonieren. Es gibt am Ende des Tages immer viel zu besprechen, und man muss die Termine des nächsten Tages vorbereiten. Wer mit mir in der Zeit telefoniert, weiß, dass die Gespräche auf der rund 10,2 Kilometer (Google sei Dank!) langen Strecke zweimal unterbrochen werden. Zunächst am Birkenkopf (einem beliebten Stuttgarter Ausflugsziel) und ein zweites Mal in der Nähe der Sportanlagen des Männerturnvereins MTV – einem nicht wenig frequentierten Sportzentrum auf Stuttgarts Halbhöhenlage. Wenn ich in diese Funklöcher komme, besteht immer noch die Hoffnung, dass der Empfang nur unterbrochen wird, aber nicht völlig abbricht. Meist muss ich dann aber die Gesprächspartnerin oder den Gesprächspartner neu anrufen. Selbstverständlich telefoniere ich nur mit Freisprechanlage, sodass alles den gesetzlichen Vorgaben entspricht, aber schöner und angenehmer wäre es natürlich, wenn ich auf der Fahrt durch das Stuttgarter Stadtgebiet überhaupt nicht in Funklöcher geriete.

Der Grund für die beiden Unterbrechungen ist die fehlende Netzabdeckung in diesen Gebieten. Dabei geht es gar nicht darum, den neuesten Standard der Telefonie, 5G, zu nutzen, sondern ich möchte einfach nur telefonieren. Es geht schlichtweg darum, dass es in diesen Bereichen einfach gar keinen vernünftigen Handyempfang gibt.

Stuttgart ist auch keine verschlafene Kleinstadt am Ende der Welt, sodass man die Lücke in der infrastrukturellen Versorgung auf die Abgelegenheit des Ortes schieben könnte. Im Gegenteil: Stuttgart ist Bestandteil einer der Vorzeigeregionen Europas, die sich als einer der »vier Motoren für Europa« sieht – getrieben vom Hightech der Automobilindustrie mit Daimler und Porsche und ihrer Zulieferer. Aber die Großregion Stuttgart ist auch ein Zentrum einer international herausragenden IT-Industrie. Wir finden Standorte von IBM Deutschland in Ehningen und Schönaich. HPE hat sich in Böblingen angesiedelt, und in Stuttgart-Vaihingen sitzt mit Lenovo ein weiterer internationaler IT-Konzern. Es verwundert also, dass ein Technologiestandort mit geballter IT-Kompetenz so schlecht mit grundlegender Infrastruktur in der Informationstechnologie versorgt ist.

Situation

In den letzten 20 Jahren hat sich die Grundlage unserer Wirtschaft, aber auch unseres privaten und öffentlichen Lebens dramatisch verändert. Mit dem Internet und den digitalen Technologien, die sich rasant um das Internet herum entwickelt haben, war auch eine einschneidende Veränderung der wirtschaftlichen Spielregeln verbunden. In vielen Bereichen war jetzt der Standort eines Service-Anbieters nicht mehr entscheidend. Ob eine Person einen Service in Indien, den USA oder Europa erbringt, ist seither nur noch insofern relevant, als die Person schnellen Zugang zum Internet braucht, um diesen Service zu erbringen. Die Welt ist zu einem globalen Spielfeld geworden, und dieses Spielfeld ist nicht mehr wie im 20. Jahrhundert geprägt von der Geografie und der Möglichkeit, Waren zu transportieren. Stattdessen hat das Internet eine neue Geografie entstehen lassen, mit einer Infrastruktur, über die Informationen und Services transportiert werden müssen. Die Erde ist – um den amerikanischen Autor Thomas Friedman zu zitieren – flach geworden.[7] Dieses Bild einer flachen Erde veranschaulicht sehr gut, was in den letzten Jahren im Bereich der Informationstechnologie geschehen ist. Gleichzeitig hilft es uns, zu verstehen, wie sich unsere Welt in den kommenden Jahren weiter verändern wird und wie die Informationstechnologie alte Vorstellungen über die Welt und das Handeln in dieser Welt obsolet machen wird.

Ein kleines Beispiel soll das illustrieren. Vor einigen Jahren war ich in meiner Heimat, einer österreichischen Kleinstadt mitten in den Alpen, in der ich aufgewachsen bin. Im Rahmen eines Workshops trafen sich Fachleute aus ganz Deutschland, um neue Trends im Supercomputing zu diskutieren. Während der Veranstaltung erfuhren wir, dass einer unserer Kollegen Vater geworden war, und so machten wir uns auf den Weg, ein Geschenk zu beschaffen. Google half uns dabei, ein Geschäft für Babykleidung und -bedarf zu finden, und so landeten wir im kleinen Industriegebiet der Stadt am Rande eines Waldes. Das »Babygeschäft« entpuppte sich als Versandhandel. Im Gespräch mit dem Eigentümerehepaar stellte sich heraus, dass es ein holländisches Unternehmen war. Sie hatten eines Tages beschlossen, ihre Zentrale in die österreichischen Alpen zu

---

7 Thomas Friedman, *Die Welt ist flach – Eine kurze Geschichte des 21. Jahrhunderts*, Suhrkamp, 2006

verlegen, mit der Begründung: Hier lebt es sich schöner, und es ist für unser Geschäft völlig egal, wo wir sitzen, nur das Internet muss schnell sein. Für meine Heimatstadt bedeutet dies mehr Unternehmenssteuern und mehr Arbeitsplätze. In dieser Region ist das eine neue Chance, da bislang Arbeitsplätze fast ausschließlich im Tourismusbereich vorhanden waren. Entscheidend für Arbeitsplätze wird also zunehmend die technische Verbindung zur Welt über das Internet und zum anderen die Lebensqualität.

Dies ist nur ein Beispiel, das zeigt, dass das Internet bisherige Barrieren zur Beteiligung an den weltweiten Dienstleistungen und am weltweiten Handel beseitigt hat. Durch eine dynamische und umfassende Digitalisierung aller Bereiche des Lebens kann heutzutage jeder Ort der Welt einen direkten Zugang zur wichtigsten Ressource der Wirtschaft – Daten und Informationen – bieten.

Grundlage dafür ist der Übergang von einer materiellen in eine immaterielle Wirtschaft. In dieser immateriellen Wirtschaft spielen nicht mehr nur physische Rohstoffe wie Öl, Erze, Kohle und andere die zentrale Rolle – wie noch im 20. Jahrhundert –, sondern ein neuer Rohstoff: Information. Daten – so die allgemeine Annahme – seien das Öl des 21. Jahrhunderts. Ihre Nutzung, Verarbeitung und Verknüpfung ist die Basis nicht nur für neue Dienstleistungen, sondern auch für die Revolutionierung bestehender Dienstleistungen. Wer über den Zugang zu diesen Daten verfügt sowie über die Fähigkeit, diese Daten zu verstehen, hat im Wettbewerb die besseren Chancen, ist schneller im Markt und damit wirtschaftlich erfolgreicher.

Im wirtschaftlichen Sinn ist die Welt ein großes flaches Spielfeld geworden, auf dem dank Internet nicht mehr der Standort über den ökonomischen Erfolg entscheidet, sondern nur noch die Fähigkeit, dieses flache Spielfeld wirtschaftlich zu nutzen. Wenn nur noch der

Zugang zu Daten und die Fähigkeit, diese auszuwerten, entscheidend für den wirtschaftlichen Erfolg sind, und wenn dieser Zugang durch ein schnelles Internet gewährleistet ist, dann gibt es tatsächlich keine physischen Hindernisse mehr beim Marktzugang. Zum einzigen Problem wird der Zugang zum schnellen Internet oder anders gesagt: die digitale Infrastruktur. Ist diese gegeben, kann eine Dienstleistung in Indien ebenso erbracht werden wie in Ecuador oder in Nigeria. Für die Kundinnen und Kunden ist es unerheblich, wo die Dienstleistung erbracht wird. Sie sehen nur, ob ein Auftrag erledigt wurde oder nicht.

Natürlich bleibt die Sprache ein Problem. Natürlich spielt die Lage in Situationen eine Rolle, in denen die Dienstleistung auch mit einer materiellen Leistung verbunden werden muss. Aber die Wanderung der Firmen ist in vollem Gang.

Neben der wirtschaftlichen Entwicklung hat die zunehmende weltweite Vernetzung auch einen starken Einfluss auf die öffentliche Kommunikation. Nachrichten und Informationen werden zunehmend im Internet erzeugt, verteilt und konsumiert. Auch hier gilt: Die ganze Welt ist jederzeit und überall mit dabei und kann sich umgehend – manchmal sogar live – über die Ereignisse auf dieser Welt informieren. Der Zugang zu dieser öffentlichen Kommunikation und Information bestimmt damit die Fähigkeit von Menschen, sich in die relevanten Diskussionen über aktuelle Themen einzubringen, sich auszutauschen und sich auch einzumischen. Auch hier spielen Daten und Informationen sowie der rasche und direkte Zugriff darauf eine zentrale Rolle. Die jüngsten Ereignisse im Ukraine-Krieg machen deutlich, wie wichtig dieser Zugriff ist. Gleichzeitig macht die kriegerische Auseinandersetzung deutlich, wie gefährlich die Kontrolle über diese Informationen und Daten durch staatliche Akteure werden kann, wenn Informationen und

Daten den Menschen nur noch von staatlicher Seite gefiltert zur Verfügung gestellt werden.

Damit wird die Anbindung an das schnelle Internet auch zu einer notwendigen Voraussetzung für die Teilhabe der Bürgerinnen und Bürger an der politischen Willensbildung. Es ist nicht überraschend, dass autoritäre Regierungen fast alles unternehmen, um den Zugang zum Internet zu kontrollieren und einzuschränken. Information, die für die Wirtschaft ein Rohstoff ist, ist für die politische Diskussion ein Nährboden und Dünger. Schon der Arabische Frühling hat gezeigt, wie das Internet dazu beitragen kann, Diskussionen anzustoßen und Menschen zu mobilisieren, sich an der politischen Debatte zu beteiligen. Es ist sehr wahrscheinlich, dass wir in Zukunft eine weitere Intensivierung dieser durch das Internet ausgelösten und gesteuerten Debatten sehen werden und sich diese Debatten weiter internationalisieren, weil das Internet potenziell alle Menschen weltweit in einer Debatte verbinden kann – auch wenn die sprachlichen Barrieren noch hoch sind. Beispiele für solche globalen Debatten finden sich in der Zwischenzeit zahlreich. Der Arabische Frühling von 2010 basierte auf einer Debatte in den arabischen Ländern, die über das Internet binnen Stunden und Tagen die gesamte arabische Welt erfassen konnte. Internationale Bewegungen wie Black Lives Matter (seit 2013/2014), MeToo (seit 2017) oder Fridays for Future (seit 2018) zeigen das Potenzial und die Dynamik dieser digital ausgelösten und geführten Debatten auf.

Die flache Welt des Internets ist eine zentrale Voraussetzung, damit wirklich alle Menschen auf der Welt gleiche Rahmenbedingungen haben. Aber alle Menschen auf der Welt müssen auch tatsächlich über einen solchen schnellen Zugang zum Internet verfügen. Damit wird die Netzinfrastruktur zur zentralen Infrastruktur der neuen Wirtschaft und Weltpolitik, deren Qualität und Stabilität über die Wettbewerbsfähigkeit – nicht nur im wirtschaftlichen Sinn, sondern auch im politischen Sinn – eines Landes entscheidet. So wie vor 400 Jahren Kanäle, vor 300 Jahren Hochseeschifffahrtsverbindungen, vor 200 Jahren Eisenbahntrassen und vor 100 Jahren Autobahntrassen darüber entschieden haben, welche Gebiete wirtschaftlich erschlossen werden und blühen, weil sie an den internationalen Handel angeschlossen sind, während andere Gebiete diese Anbindung nicht hatten und wirtschaftlich verkümmerten, so entscheidet heute die Verfügbarkeit des schnellen Internets über diese Frage.

Wie gut ein Land im internationalen Vergleich beim schnellen Internet aufgestellt ist, lässt sich anhand unterschiedlicher Indizes abschätzen. Hinter dem Begriff »schnelles Internet« kann sich aber vieles verbergen, sodass man ein wenig genauer hinschauen muss.

Im Jahr 2002 erreichte mich ein Anruf eines Journalisten der Neuen Zürcher Zeitung. Er wollte von mir wissen, wie ich dazu stehe, dass in zehn Jahren jeder Haushalt über einen 1-Gbit-Anschluss[8] zum Internet verfügen werde. Ein amerikanischer Kollege habe ihm erklärt, dass das zu erwarten sei und dass dann auch private Nutzerinnen und Nutzer Zugang zu beliebiger Rechenleistung und beliebigen Datenmengen haben werden. Bis dahin seien auch 120-Terabyte(TB)-Festplatten verfügbar, um die großen Datenmengen, die man herunterladen könne, auch zu speichern. Mein Einwand, dass die Zukunft hier wohl zu rosig gezeichnet werde und ich im Jahr 2012 nicht mit 1 Gbit für jeden Haushalt rechne und schon gar nicht mit 120-TB-Platten in jedem PC oder Laptop, wurde mit der Bemerkung vom Tisch gewischt, dass der amerikanische Kollege das ja wohl besser beurteilen könne.

---

8   1 Gbit entspricht 1000 Mbit

In Bezug auf die Größe der Festplatte habe ich letztlich recht behalten. Noch heute – 20 Jahre später – sind 120 TB auf einer Festplatte nicht verfügbar. In Bezug auf die Netzanbindung war zwar im Jahr 2012 die Möglichkeit einer Anbindung an das Internet mit 1 Gbit grundsätzlich vorhanden, aber wir waren weit davon entfernt, eine derartige Bandbreite für Haushalte zur Verfügung stellen zu können.

Bei dieser Entwicklung stellt sich nun die Frage, wie sich Deutschland denn technisch aufstellt. Gerade in Deutschland, mit seinen Metropolregionen einerseits und seinen Randregionen andererseits, stellt diese Entwicklung eine riesige Chance dar. Wenn nicht mehr gewachsene Industriestrukturen, sondern dynamische Internetstrukturen entscheidend sind, dann liegt hier ein Potenzial, alle wirtschaftlich schwachen Regionen in blühende Landschaften zu verwandeln. Einzige Voraussetzung wäre flächendeckendes schnelles Internet, das es Unternehmen möglich macht, das Potenzial auch auszuschöpfen.

Für Deutschland ging man im Jahr 2020 davon aus, dass etwa 50 Prozent der Haushalte grundsätzlich Zugang zu 1-Gbit-Internetanschlüssen haben können. Das bedeutet, dass rund 50 Prozent der Haushalte in Deutschland im Einzugsgebiet der verfügbaren schnellen Netze liegen. Aber Einzugsgebiet heißt nicht, dass die betroffenen Haushalte und Firmen in diesen Gebieten auch wirklich Zugang zu schnellem Internet haben. Letztlich entscheidet der Endausbau von der zentralen Leitung in die Wohn- und Wirtschaftsgebiete darüber, ob schnelles Internet individuell genutzt werden kann. Fachleute sprechen hier vom »Last-Mile-Problem«, also der Schwierigkeit, die berühmte letzte Meile zur Endkundschaft zu überwinden. Vergleichbar ist das durchaus mit Autobahnen, die über Auffahrten verfügen müssen, damit sie auch von denen genutzt werden können, durch deren Gegend sie verlaufen. Laut statista.de[9] lag Ende 2020 der tatsächliche Anteil der Haushalte in Deutschland mit schnellem Internetanschluss bei etwas mehr als 5 Prozent. Um das einschätzen zu können, genügt ein Blick auf die internationale Situation: In Südkorea sind rund 85 Prozent der Haushalte an das schnelle Internet angebunden. In Schweden sind es 75 Prozent und in Spanien 73 Prozent. Im Durchschnitt der OECD-Staaten sind es rund 30 Prozent, und in den USA – das aufgrund seiner großen Fläche eher benachteiligt ist – liegt dieser Anteil immerhin bei rund 16 Prozent. Deutschland kann also als Entwicklungsland in diesem Bereich eingestuft werden.

Natürlich unterscheidet sich die Anbindungsdichte je nach Gebiet. Der Breitbandatlas Deutschlands[10] zeigt sehr schön, dass die Städte relativ gut versorgt sind. Die Probleme beginnen im Umfeld der Städte und werden größer, je weiter man sich von den Ballungsregionen entfernt. Während in Stuttgart rund drei Viertel der Haushalte Zugang zum Breitbandinternet haben, kämpfen Wirtschaft und Privathaushalte in Gebieten wie der Schwäbischen Alb oder dem nördlichen Schwarzwald, wo nur rund 40 Prozent der Haushalte eine schnelle Verbindung zur Welt des Internets haben.

Die Analyse der Netzanbindung in Deutschland zeigt aber auch eine Zweiklassengesellschaft, die wir auch in anderen Bereichen sehen. Die neuen Bundesländer sind in der Regel deutlich schlechter mit Zugang zu Breitbandinternet versorgt als die alten. Alle westlichen Bundesländer übersteigen bei der Versorgung mit schnellem

9 https://de.statista.com/infografik/3553/anteil-von-glasfaseranschluessen-in-ausgewaehlten-laendern/
10 https://www.bundesnetzagentur.de/DE/Fachthemen/Telekommunikation/Breitband/breitbandatlas/start.html

Internet die 60-Prozent-Marke. In Schleswig-Holstein profitieren sogar 80 Prozent der Haushalte von schnellem Internet. Unter den neuen Bundesländern erreichen nur Mecklenburg-Vorpommern und Sachsen etwas mehr als 50 Prozent, während es in den restlichen neuen Bundesländern rund ein Drittel der Haushalte sind. Für die Wirtschaft ergeben sich die gleichen niedrigen Raten und Ost-West-Differenzen. Die Auswirkungen auf die Wirtschaft sind gravierend. Wo bisher auch in Randbereichen mit hoher Expertise und Engagement mittelständische Firmen international konkurrieren konnten, wird jetzt diese Randlage durch die fehlende Internet-Anbindung zum gravierenden Nachteil. Die Folgen sind für den ländlichen Raum problematisch.

Hintergründe

Die Gründe für diese im internationalen Vergleich ernüchternde deutsche Bilanz sind einfach erklärt, aber nicht einfach behoben. Schnelles Internet braucht Leitungen, die in der Lage sind, Daten mit der entsprechenden Geschwindigkeit zu transportieren. Die klassische Telefonie greift dabei auf Kupferkabel zurück. Die Datenübertragungsrate in der Telefonie ist jedoch gering. Es müssen nur Töne übertragen werden und keine Bilder oder gar Videos. Vereinfacht gesagt reicht die Leitungskapazität von Kupfer aus, um die deutsche Telefonie abzudecken. Über Jahrzehnte wurde so in Deutschland ein Netz aufgebaut, das auch noch den letzten Weiler der süddeutschen Alpen und die einsamste Insel der Ostsee mit dem deutschen Telefonnetz verbunden hat.

Braucht man aber höhere Datengeschwindigkeiten wie im Internet, wo Videos oder große Datenmengen für digitale Dienstleistungen übertragen werden sollen, kommt Kupfer sehr schnell an seine Grenzen. Seit einiger Zeit heißt die Technologie der Wahl für das Internet daher Glasfaser. Der Name ist eine gute Beschreibung, denn tatsächlich sind das Fasern aus Glas – bis zu einem gewissen Grad durchaus biegsam, aber bei zu hoher Belastung auch bereit, zu brechen. Glasfasern wurden seit Längerem in der Vernetzung von Supercomputern eingesetzt. Sie waren zwar teurer, lieferten aber auch höhere Bandbreiten. Allerdings wurden in Supercomputern auch nur Hunderte von Metern an Glasfaserkabeln verbaut, sodass die Kosten überschaubar blieben.

Der Vorteil von Glasfaserkabeln ist, dass ein Signal – und damit Daten – durch das Glasfaserkabel mit Lichtgeschwindigkeit versendet werden kann. Für Technikverantwortliche sowie Kundinnen und Kunden ist aber noch viel wichtiger, dass über ein und dieselbe Glasfaser mehrere Signale gleichzeitig verschickt werden können. Damit kann die Übertragungsleistung einer Glasfaser fast beliebig gesteigert werden. Erst diese technische Entwicklung macht es möglich, einer sehr großen Anzahl von Benutzerinnen und Benutzern gleichzeitig sehr hohe Übertragungsleistungen zur Verfügung zu stellen.

Der Ausbau der Glasfaserinfrastruktur ist also ein Maß dafür, wie schnell und zahlreich Internetverbindungen in einem Land sein können. Die OECD erhebt regelmäßig den Stand des Ausbaus von Glasfaserverbindungen in ihren Mitgliedsländern. Deutschland gehört seit Jahren zu den Nachzüglern. Die Gründe dafür liegen in der Geschichte der Telekommunikation in Deutschland.

Telekommunikation war lange ein staatliches Monopol in den Händen der Deutschen Post. Im Zuge der Liberalisierung der europäischen Märkte geriet Ende der 80er-Jahre auch die Telekommunikation in das Blickfeld der Liberalisierung. 1990 begann mit der

Trennung der Telekommunikation von den traditionellen Postaktivitäten eine neue Ära, die zur Privatisierung der Telekommunikation und zum Ende des staatlichen Telekommunikationsmonopols führte. Wer die 90er-Jahre erlebt hat, weiß, welchen Schub das der technischen Entwicklung und der Entwicklung von Services gegeben hat. Gleichzeitig mit dieser Entwicklung nahmen auch die mobile Telekommunikation und das Internet Fahrt auf, und die 90er-Jahre waren vom Ausbau von Netzen und Services geprägt.

Aus der Sicht des Staates war die Privatisierung zunächst ein Erfolg. Durch die Versteigerung von Lizenzen konnten 2000 etwa 50 Milliarden Euro an Erlösen erzielt werden. 2010 waren es allerdings nur noch rund 4,4 Milliarden Euro und 2015 rund 5,1 Milliarden Euro. Der Staat verfügte also kurzfristig über erhebliche finanzielle Mittel. Für die Betreiber stellten diese Ausgaben aber Belastungen dar, die im Folgenden auf die Kundschaft übertragen werden mussten. Die so aufgebauten Funk- und Festnetze mussten also erst technisch aufgebaut werden, und sie mussten – um Erträge zu bringen – eine gewisse Zeit genutzt werden, bevor sie durch neue Technologie ersetzt werden konnten. Die Refinanzierung von Netzen ist natürlich in Bereichen am einfachsten, in denen durch eine große Zahl von Kundinnen und Kunden auch hohe Erträge zu erwarten sind – also in den städtischen und in den wirtschaftlich hoch entwickelten Regionen.

Jetzt wird auch klar, wieso der Netzausbau schleppend vorankommt und wieso städtische und wirtschaftlich leistungsfähige Gebiete eklatant bevorzugt werden. Seit der Staat sein Telekommunikationsmonopol aufgegeben und die Telekommunikation dem privaten Wettbewerb überantwortet hat, überlässt er es dem Markt, zu entscheiden, wo und in welcher Qualität Telekommunikationsleistungen verfügbar sind. Der Markt wird aber nicht von der Forderung des Grundgesetzes getrieben, das in Artikel 72 (2) die Herstellung »gleichwertiger Lebensverhältnisse« als Ziel postuliert. Für die auf dem Markt operierenden Unternehmen steht der Shareholder Value (ausgedrückt durch den Wert der Unternehmensaktien) im Vordergrund. Während im staatlichen Telekommunikationsmonopol das staatliche Interesse an der Versorgung des bayerischen Bergbauern oder der Ostseeinsel die erheblichen Kosten einer solchen Versorgung überwiegt, stellt sich für ein Unternehmen die Frage nach dem Mehrwert einer solchen Versorgung in staatlichem Interesse nicht. Und während in der Forschung die Nutzung von Glasfaserverbindungen im Deutschen Forschungsnetz (DFN) schon seit Langem eine Notwendigkeit ist, ist die Versorgung der Wirtschaft und von Privathaushalten mit Glasfaser eine Frage der wirtschaftlichen Rentabilität. Während nach dem Jahr 1989 in vielen der osteuropäischen Länder völlig neue Netze entstanden sind, die dann auch die neueste Technologie einsetzen konnten, ist die Infrastruktur in Deutschland über längere Zeit gewachsen. Bestehende deutsche Netze waren auf die rasante Entwicklung des Internets teilweise nicht vorbereitet. Sie mussten und müssen aber aus wirtschaftlichen Gründen weiter betrieben und genutzt werden. Hier entwickelt sich daher in Deutschland ein Henne-Ei-Problem. Schnelle Netze erfordern hohe Investitionen. Diese rentieren sich nur, wenn die schnelleren Services dann auch ausreichend nachgefragt – und bezahlt – werden. Die Nachfrage wiederum steigt nur langsam, weil aktuell schnelle Netze nicht in ausreichender Breite und Qualität verfügbar sind.

Zukunftsperspektive

Festnetze und Mobilnetze sind die zentralen Infrastrukturen für ein leistungsfähiges Internet. Ohne ausreichende Qualität, sowohl was Geschwindigkeit als auch den Ausbau der Infrastruktur angeht, ist der Aufbau von öffentlichen und privaten Diensten im Internet nicht oder nur schwer möglich. Diese Infrastrukturen sind damit das Fundament der digitalen Entwicklung eines Landes, so wie Eisenbahnen oder Straßen vor 200 bzw. 100 Jahren notwendige Voraussetzungen dafür waren, dass sich Deutschland zu dem wirtschaftlich starken Land entwickeln konnte, das es heute ist.

Die Politik hat das Problem in der Zwischenzeit erkannt. Sie hat im Rahmen ihrer Möglichkeiten reagiert. Zwar kann sie nicht mehr, wie in Zeiten staatlicher Telekommunikationsmonopole, die Totalversorgung einfach zum staatlichen Ziel erklären, ohne den Blick auf die Kosten. Aber die Politik kann dort eingreifen, wo der Markt keinen Anreiz sieht, Infrastrukturen zu errichten.

Die Einführung des 5G-Standards bietet darüber hinaus die Möglichkeit, mit neuer Technologie auch einen Sprung in der Versorgung mit drahtlosen Netzen zu machen. Drahtlose Netze sind kein Ersatz für Festnetze. Im Gegenteil: Die beiden Technologien ergänzen sich. Hier muss der Staat steuernd eingreifen, und er muss sich von der Sichtweise der ehemaligen Bundeswissenschaftsministerin Anja Karliczek lösen, die noch 2018 meinte, dass 5G nicht an jeder Milchkanne notwendig sei. Wer im internationalen Vergleich erfolgreich sein will und wer nicht möchte, dass der ländliche Raum von der wirtschaftlichen und technischen Entwicklung abgekoppelt wird, der muss es sich zum Ziel setzen, schnelles Internet nicht nur an jeder Milchkanne, sondern flächendeckend in ganz Deutschland verfügbar zu machen. Ob das dann zu Laptop und Lederhose führen muss – wie der bayerische Slogan zur Digitalisierung lautete[11] – oder zu Laptop und Jeans, bleibt dann den Nutzerinnen und Nutzern überlassen.

Der Staat verfügt darüber hinaus über viele Mittel, um die Zahl der Glasfaseranschlüsse weiter zu erhöhen. In vielen Städten Deutschlands sind Parkplätze in der Zwischenzeit sowohl für Privathäuser als auch für Bürohäuser verpflichtend. Ob in deutschen Städten auch in den kommenden Jahren noch so viele Parkplätze notwendig sind, ist eine offene Frage. Die dekarbonisierte Gesellschaft wandelt sich vielleicht in Richtung einer Wirtschaft des Teilens und der Nutzung von Gemeinschaftsressourcen. Sicher ist, dass eine schnelle Anbindung an das Internet in den kommenden Jahrzehnten notwendig sein wird. Es stellt sich also die Frage, ob nicht statt der Tiefgarage oder als Ergänzung die Anbindung jedes neu errichteten Gebäudes an einen Glasfaseranschluss zur Auflage gemacht werden sollte.

Vieles ist noch zu tun, aber manches ist auch schon auf dem Weg. Als 2013 ein Stuttgarter Animationsstudio auf das Bundeshöchstleistungsrechenzentrum Stuttgart (HLRS) zukam, mit der Bitte, die Rechner des Zentrums für den Kinofilm »Biene Maya« nutzen zu dürfen, da war der schnelle Transfer der notwendigen Daten ein Problem. Angesichts geringer Bandbreiten entschied man sich für den Turnschuhtransfer – die Daten wurden auf Festplatten von einem Mitarbeiter zwischen der Firma und dem HLRS hin- und hertransportiert. Als 2017 dann die Arbeiten für die Fortsetzung anstanden, verfügte das Stuttgarter Animationsstudio schon über

---

11 Ursprünglich stammt die Formulierung aus einer Rede des damaligen deutschen Bundespräsidenten Roman Herzog vom 12. Februar 1998 zur Einweihung der Neuen Messe München.

einen Breitbandanschluss und konnte die Daten per Internet transferieren. Ein Zeichen dafür, dass sich zumindest in einer städtischen Umgebung das schnelle Internet ausbreitet.

2 VERWALTUNG

Wenn ich mit meinem Arbeitgeber – dem Land Baden-Württemberg – über wichtige Dinge spreche, wie mein Gehalt, meine Pension oder andere persönliche Dinge, so tue ich das über ein Portal des Landesamtes für Besoldung und Versorgung (LBV). Hat sich mein Gehalt geändert, so erhalte ich eine E-Mail mit dem Hinweis, dass ich doch einmal ins Portal schauen solle. Ich überprüfe dann den Gehaltszettel, und wenn etwas falsch zu sein scheint, kann ich direkt im Portal eine Nachricht an die Kolleginnen und Kollegen schicken und auf den Fehler hinweisen. Meist ist es auch kein Fehler, sondern ich habe nur die Verwaltungsvorschriften nicht verstanden. Aber das erklären mir sehr freundlich die Menschen vom LBV in der nächsten Nachricht, und dann klärt sich alles auf.

So weit eigentlich so gut. Doch am 24. November 2020 (AZ 13 K 1896/19) fällte der Verwaltungsgerichtshof Karlsruhe zu diesem Thema ein Urteil, das keine Schlagzeilen machte und doch interessante Einblicke in die Problematik der Digitalisierung in der Verwaltung gibt. Der Verwaltungsgerichtshof hielt fest, dass die bis dahin gängige Praxis des Landesamtes für Besoldung und Versorgung (LBV), Einsprüche gegen Bescheide auch elektronisch zuzulassen, nicht den Rechtsnormen entspricht. Was bürokratisch klingt, ist es leider auch. Im Kern ging es darum, ob Mitarbeitende des Landes Baden-Württemberg auf die Bescheide, die sie elektronisch bekommen, einfach elektronisch – also per E-Mail oder per Nachricht im Kundenportal des LBV – antworten dürfen.

Der Verwaltungsgerichtshof hielt fest, dass zur Überprüfung der Identität der Absenderin oder des Absenders eine eindeutige Identifikation notwendig sei. Erstaunlicherweise ist der Absender auf einem Brief, der an die Behörde geht, gemeinsam mit der Unterschrift (die die Behörde nicht überprüfen kann, weil anders als bei Banken keine Unterschriftsprobe vorliegt) durchaus eine »eindeutige Identifikation«. Eine E-Mail dagegen scheint es nicht zu sein. Folgt man der Urteilsbegründung weiter, erfährt man, dass es in Deutschland ein eigenes Signaturgesetz gibt. Diesem Hinweis folgend, landet man in einem bürokratischen Dschungel, an dessen Ende eine Liste von wenigen Firmen steht, die »eindeutige digitale Signaturen« vergeben können. Kein Wunder, dass kaum jemand diese nutzt, und auch kein Wunder, dass Kundinnen und Kunden[12] lieber weiterhin Briefe schreiben oder den Weg zur Behörde auf sich nehmen. Der Aufwand bei der Vergabe einer eindeutigen qualifizierten digitalen Signatur schreckt Laien ab.

Dabei sind digitale Signaturen sehr erfolgreich – im Wirtschaftsleben. Digitale Signaturen entsprechen im Wesentlichen einer Unterschrift in der analogen Welt. Sie werden von Firmen vergeben, die dafür zertifiziert sind, also als vertrauenswürdig einge-

---

12 Die Begriffe »Kundin« und »Kunde« werden im Kontext öffentlicher Services oft als negativ empfunden, weil sie eine Geschäftsbeziehung auszudrücken scheinen und diese im öffentlichen Bereich nicht gerne gesehen wird. Der Begriff drückt aber aus, dass ein Dienst/Service erbracht wird und es jemanden gibt, die oder der diesen Dienst in Anspruch nimmt – oder auch nehmen muss. Im Weiteren werden daher immer die allgemeinen Begriffe Kundin und Kunde verwendet, ohne daraus notwendigerweise eine Geschäftsbeziehung abzuleiten.

stuft werden. Benötigt man eine digitale Signatur, wendet man sich an eine dieser Firmen. Diese überprüfen die Identität der Person oder Firma, die den Antrag stellt und stellen ihrerseits ein Zertifikat für die Person oder Firma aus. Mit diesem Zertifikat können nun Daten und Dokumente elektronisch signiert werden. Wer solche Signaturen erhält, kann anhand des Zertifikats überprüfen, ob es sich bei der Absenderin oder beim Absender tatsächlich um die angegebene Person oder Firma handelt. Für Firmen lohnt der erhebliche Aufwand bei der Zertifizierung durchaus, weil nach einer einmaligen Zertifizierung die digitale Signatur für Geschäftszwecke genutzt werden kann. Darüber hinaus verfügen größere Firmen auch über die notwendigen personellen Ressourcen, um sich um digitale Signaturen zu kümmern und diese zu verwalten. Privatpersonen dagegen scheuen diesen zusätzlichen Aufwand eher.

In der Wirtschaft dienen digitale Signaturen vor allem dazu, Ausschreibungen, Vereinbarungen und Verträge digital zu signieren. In Deutschland sind sie auch bei Notaren weit verbreitet. Der öffentliche Bereich wiederum nutzt diese Möglichkeit bei Ausschreibungen und bei der Zusammenarbeit mit der Wirtschaft. Banken und Versicherungen agieren ebenfalls erfolgreich mit digitalen Signaturen. Auch hier spielen die spezifischen Charakteristika der Aufgabe eine zentrale Rolle. Ausschreibungen sind meist recht aufwendige Verfahren. Eine einmalige Zertifizierung zu Beginn des Verfahrens verursacht zwar einen gewissen Aufwand. Dieser ist aber gerechtfertigt, wenn dadurch in langwierigen Vergabeverfahren der Aufwand durch die Nutzung digitaler Signaturen erheblich reduziert werden kann. Anders ist das bei Bürgerservices. Bürgerinnen und Bürger scheuen den Aufwand der Einrichtung einer digitalen Signatur eher. Ihr Vorteil wird darüber hinaus für die Betroffenen auch nicht so unmittelbar deutlich, weil die privat genutzten Services nur sporadisch und punktuell genutzt werden. Während Firmen und Verwaltungen in Ausschreibungsverfahren oft über Jahre eng miteinander kommunizieren, brauchen Einzelpersonen etwa ein bis zweimal im Jahr einen kurzen Service, der oft in Minuten erledigt werden kann – und nur der Weg zum Amt und die dortige Wartezeit verursachen zusätzliche Zeitkosten. Aus der Sicht der Verwaltungen wiederum geht es in der Kooperation mit Firmen um Hunderte Fälle und lange Verfahren. Digitale Signaturen erfordern also vergleichsweise wenig Aufwand bei hohem Nutzen. Bei Bürgerinnen und Bürgern dagegen geht es um Millionen Fälle und in der Regel sehr kurze Verfahren. Das Verhältnis kehrt sich um: Einem hohen Aufwand für sehr viele Fälle steht zunächst aus Sicht der Behörde nicht unbedingt ein entsprechender Nutzen gegenüber.

Am Beispiel der digitalen Signaturen wird deutlich, welche Hürden die Digitalisierung im Bereich der Verwaltung noch zu überwinden hat. Corona hat auch hier den Finger in die Wunde gelegt. Die Kommunikation von Bürgerinnen und Bürgern mit Behörden setzt bisher den persönlichen Kontakt voraus. Bürgerinnen und Bürger begeben sich in die Amtsräume der Behörde, legen dort ihre Dokumente vor, legitimieren sich, füllen Formulare aus und erhalten die gewünschte Dienstleistung. Rückfragen werden sofort erledigt. In der Pandemie war das erstmals flächendeckend schwierig oder sogar verboten. Der digitale Zugang zur Behörde wurde vom vernachlässigten Sonderweg zum Normalzustand. Damit wurden aber auch die Probleme sichtbar, die mit diesem digitalen Weg zur Behörde verbunden sind. Dabei würde dieser, wenn er denn funktioniert, auch unabhängig von der Pandemie eine Menge Vorteile mit sich bringen – nicht zuletzt für Menschen mit gesundheitlichen Einschränkungen.

Es muss also zum einen festgestellt werden, wer die Person ist, die ein Handeln der Verwaltung fordert. Damit muss geklärt werden, ob die Person tatsächlich im eigenen Namen handelt, ob die Person dazu berechtigt ist, ob sie einen Anspruch darauf hat und ob die Verwaltung berechtigt und verpflichtet ist, auf die Forderung der Person einzugehen. Verständlicher wird das an einem weiteren Beispiel. Wenn wir einen Reisepass beantragen, ist das für uns ein Routinevorgang. Man geht mit dem bestehenden Reisepass zur zuständigen Behörde, legt ihn und die notwendigen Formulare vor, zahlt eine Gebühr, und der Verwaltungsakt nimmt seinen Lauf. Nach ein paar Wochen wird der neue Reisepass zuverlässig zugestellt, und wir können wieder über Europa hinaus reisen. Was für Kundinnen und Kunden nicht sichtbar wird, ist die Prüfung der Identität. Diese erfolgt durch die Vorlage des alten Reisepasses, und da die Person selbst die Formulare gemeinsam mit dem Pass abgibt, sind Zweifel weitgehend beseitigt.

Zum anderen muss in einem Verwaltungsakt geklärt sein, was genau die Person von der Verwaltung möchte. Durch das Ausfüllen eines Formulars, das mit einer Unterschrift versehen ist, kann das überprüft werden. Ist die Person nicht erkennbar geistig beeinträchtigt, kann die Verwaltung getrost davon ausgehen, dass das Formular bei klarem Verstand ausgefüllt wurde und dass mit der Unterschrift auch bestätigt wird, dass die Person einen Wunsch an die Verwaltung geäußert hat.

Die beiden Themen Identität und Formalisierung sind miteinander verknüpft. Die Feststellung der Identität und die Prüfung der Unterschrift sind ein Paket, das die Verwaltung braucht, um im Auftrag der Person handeln zu können.

Für die antragstellende Person sind das Dinge, die nicht unbedingt bewusst wahrgenommen werden. Die meisten von uns tragen einen Personalausweis bei sich, und seit in der Europäischen Union die Freizügigkeit der Bürgerinnen und Bürger gesichert ist, können sogar Menschen aus anderen Ländern – wie ich – ihren Personalausweis verwenden und müssen nicht immer den Reisepass bei sich tragen.

Problematischer wird das bei den Formularen. Diese sind uns in Deutschland wohlvertraut, und viele sind überzeugt, dass Deutschland international die meiste Bürokratie mit den meisten Formularen betreibt. Das ist natürlich übertrieben. 2002 habe ich ein halbes Jahr in den USA gelebt und weiß seither, dass das deutsche Formularwesen deutlich hinter dem amerikanischen hinterherhinkt – im positiven Sinn.

Trotzdem bin ich weiterhin kein begeisterter Anhänger von Formularen. Als ich im Jahr 2012 vom Land Baden-Württemberg anlässlich des 60-jährigen Bestehens des Bundeslandes als »Übermorgenmacher« ausgezeichnet wurde, hatte ich als Preis einen Wunsch an das Land frei. Spontan war mein Wunsch, nie wieder Formulare ausfüllen zu müssen. Leider ließ sich das nicht realisieren.

Formulare sind aber nicht so schlecht, wie man gelegentlich denkt. Sie haben – richtig eingesetzt – die Fähigkeit, eine Aufgabe sinnvoll und einfach zu beschreiben. Das Kriterium der Einfachheit ist dabei allerdings natürlich eine Herausforderung. Aus der Sicht der Verwaltung – und des Gesetzgebers – sollen Formulare sicherstellen, dass alle Anträge die gleichen und für den Vorgang notwendigen Informationen enthalten, und zudem bringen sie das Anliegen in eine rechtsgültige Form. Hinter jedem Formular steckt letztlich ein Gesetz. Dieses Gesetz aber soll Bürgerinnen und Bürger ohne Ansehen der Person möglichst gleich behandeln. Das kann gelingen, wenn die Person durch ein Formular auf ihre für den Vorgang wesentlichen Informationen reduziert wird. Beantragt jemand einen Reisepass, sind nur jene Informationen relevant, die der Pass enthalten wird. Das Einkommen, die Schuhgröße oder die Vorliebe für vegetarisches Essen spielen dabei keine Rolle. Das Formular reduziert also die Person, die den Antrag stellt, auf die für den Vorgang wesentlichen Elemente. Für die Digitalisierung ist das zunächst äußerst positiv. Digitale Systeme operieren nach dem gleichen Konzept. Auch in solchen Systemen sollen Informationen standardisiert erfasst und dann ebenso standardisiert verarbeitet werden. Auch die Ausgabe erfolgt in standardisierter Form. Insofern würde sich die Verwaltung zunächst geradezu anbieten für eine Digitalisierung. In einigen Bereichen geschieht das auch jetzt schon. So kann die jährliche Steuererklärung problemlos digital erfasst und verschickt werden.

Die Digitalisierung von Formularen hat sogar einen großen Vorteil: Informationen über die Bedeutung der Fragen im Formular können direkt ins digitale Formular eingebaut werden. Durch einen Mausklick auf die gestellte Frage erhält man eine entsprechende Erläuterung. So kann ich etwa in meiner Steuererklärung, die ich in ELSTER mache, immer wieder erfahren, was denn die einzelnen Fragen bedeuten. Für mich als Laie des Steuerrechts eine sehr hilfreiche Funktion.

Die Formalisierung ist also etwas, was Digitalisierung ziemlich gut kann. Manche meinen sogar, sie könne es zu gut und wünschen sich die Zeit zurück, als in einem Gespräch mit einer Person Fragen geklärt und Abwägungen gemeinsam gemacht werden konnten. Aber lassen wir diesen Einwand gegen die Digitalisierung einmal beiseite. Letztlich ist es nämlich das Gesetz, das möglichst alle Menschen gleich behandeln möchte und sich damit auf Formalien konzentriert, die als »gleich« beschrieben werden können. So wird etwa die Grunderwerbssteuer auf der Basis einer exakten Zahl –

nämlich des Verkaufspreises – erhoben und nicht etwa aufgrund einer Diskussion darüber, ob das Grundstück von einer Familie mit kleinen Kindern, einem Rentnerehepaar oder einem investierenden Unternehmen gekauft wird. Vor dem Gesetz sind es zunächst nur Käuferinnen und Käufer, sodass sich die Steuer aus einer objektiven Zahl und einem festgelegten Steuersatz ergibt.

Digitale Systeme sind aber auch, wie wir schon gesehen haben, in mancher Hinsicht wie Verwaltungen. Sie erhalten einen Input, bearbeiten diesen und liefern einen Output. Sie sind hochspezialisiert, neutral gegenüber dem bearbeiteten Fall und zuverlässig in ihrem Handeln. Natürlich sind weder Programme noch Verwaltungen perfekt, aber Abweichungen vom zuverlässigen Standard sind hier wie da als Fehler zu bewerten und nicht gewünscht.

Einen solchen Programmfehler erlebte ich vor einigen Jahren bei der Abrechnung des Kindergeldes. Dieses wird von der Bundesagentur für Arbeit monatlich an mich ausbezahlt. Bei der Überprüfung der Zahlungseingänge auf mein Konto fiel mir auf, dass die Zahlen falsch waren. Ich rief also die Agentur an und teilte den Fehler mit. Nach einer kurzen Pause – in der man die Tastatur klappern hörte – meldete sich die Sachbearbeiterin mit dem Hinweis:»Sie haben recht. Das ist falsch.« Leider ließ sich der Fehler aber nicht leicht beheben, denn die Sachbearbeiterin durfte im Programm nichts ändern. Ich musste also einen schriftlichen und freundlichen Antrag einreichen, mit der Bitte, den Fehler doch zu korrigieren. Nach kurzer Zeit waren die Zahlungen richtig – das fehlende Geld wurde natürlich auch überwiesen. Im Rahmen der nächsten Steuererklärung kontrollierte ich wieder meine Zahlungseingänge, um festzustellen, dass der Fehler nach wenigen Monaten wieder aufgetreten war. Alles deutet für mich darauf hin, dass das System einen systematischen Fehler hatte, der zwar von Hand korrigiert werden konnte, der aber immer wieder falsche Berechnungen produzierte. Diesmal schrieb ich sofort einen – diesmal nicht mehr so freundlichen – Brief. Seit rund zwei Jahren stimmen die Zahlen. Das Beispiel sollte allen Leserinnen und Lesern zu denken geben. Wir neigen dazu, anzunehmen, dass gerade automatisierte digitale Systeme fehlerlos arbeiten. Das tun sie zwar prinzipiell, aber wenn im Programm ein Fehler eingebaut ist, so wird auch dieser Fehler automatisch und »fehlerlos« umgesetzt. Es ist also durchaus sinnvoll, immer zu überprüfen, ob ein digital erstellter Bescheid auch wirklich korrekt ist. Meist genügt es dabei schon, sich kurz anzusehen, ob denn die Zahlen plausibel wirken.

Für solche automatischen Systeme ist zunächst die Identität der Benutzerinnen und Benutzer nicht zwingend relevant. Betritt man die Welt des Digitalen, so fällt auf, dass dort eine Identität auch gar nicht existiert. Es gibt nur den »User«, also die Person, die ein System oder ein Programm benutzt. Digitalen Systemen ist es zunächst völlig egal, wer sich hinter dem »User« verbirgt. Um einen Account bei Facebook anzulegen, genügt es, ein paar Angaben zur Person zu machen. Ob diese Angaben stimmen, spielt gar keine Rolle. Facebook erbringt einen Service – und der ist unabhängig davon, wer die Person hinter dem Account ist.

Es war auch für die Software, die die Höhe des Kindergeldes berechnet hat, völlig unerheblich, wer ich war, wann ich geboren war und welche Nationalität ich habe. Für die korrekte Berechnung der Auszahlung war einzig relevant, wie viele Kinder ich habe und ob Anspruch auf Kindergeld für diese Kinder besteht. Sobald das System diese Parameter hatte, ließ es sein Programm ablaufen, um das Ergebnis zu berechnen.

Aber während für ein Programm die Identität keine Rolle spielt, um zum richtigen Ergebnis zu kommen, ist beim Verwaltungshandeln im Auftrag des Gesetzgebers die Identität der User ein zentraler Punkt. In meinem Fall war natürlich die Frage zu klären, ob es sich tatsächlich um meine Kinder handelte, auf welches Konto das Geld zu überweisen sei, ob ich noch und in Deutschland lebte und ob meine Kinder noch lebten. (Tatsächlich wurde ich vor einigen Jahren aufgefordert, nachzuweisen, dass meine Kinder noch am Leben waren. Diese Geschichte wäre an anderer Stelle zu erzählen.)

Um zu verstehen, was eigentlich eine Identität ist, ein kurzer Ausflug in die Geschichte der Identität. Verwaltungen haben sich schon vor Langem das Konzept des Identitätsnachweises ausgedacht und es in langer und intensiver Arbeit umgesetzt. Es begann mit der Festlegung von Namen. In einer Reihe von Gesetzen wurden in den deutschen Ländern ab dem Ende des 18. Jahrhunderts und teilweise erst in der zweiten Hälfte des 19. Jahrhunderts willkürliche und beliebige Namensänderungen verboten. Die zentrale staatliche Erfassung von Namen begann aber erst mit der Einführung von Standesämtern – meist durch die Übernahme der Führung von Personendaten von den Kirchen durch den Staat in der zweiten Hälfte des 19. Jahrhunderts. Bis heute halten sich aber Traditionen, die das staatliche Namensrecht durch andere Namensgebungen ergänzen oder sogar ersetzen. So war mein Urgroßvater der »Moosbauer«, und unter diesem Begriff kann ich noch heute das Leben seiner Nachfahren in meiner ursprünglichen Heimat nachverfolgen. Diese Art von Namensbezeichnung war lokal verankert. Sie bezeichnete Menschen aufgrund ihres Berufs oder ihrer Zugehörigkeit zu einem Hof – in einer bäuerlich geprägten Gesellschaft ein durchaus sinnvolles Vorgehen. Logischerweise war sie aber nicht geeignet, um eine eindeutige Namensgebung in einer größeren staatlichen Einheit zu garantieren, denn den »Moosbauern« finden wir in vielen Regionen. Erst wenn die Bezeichnung des Hofes »Moosbauer« zum Familiennamen wird, um einen Vornamen und ein Geburtsdatum ergänzt wird, können wir von einer Identität im staatlichen Sinn sprechen.

In Deutschland beginnt die Identität eines in Deutschland geborenen Menschen mit der Geburtsurkunde – ohne die kein Mensch existiert. Sie wird typischerweise vom Krankenhaus oder Geburtshaus beantragt, das auch die Geburt meldet. Aus meinem Eintrag am Standesamt in Graz (meiner Geburtsstadt) habe ich gelernt, dass es für die Ersteintragung eines Zeugen bedarf. In meinem Fall bezeugte die Hebamme wie folgt »Die Anzeigende ist dem Standesbeamten bekannt; sie erklärte, von der Geburt aus eigener Wissenschaft unterrichtet zu sein.«[13] Am Ende muss also wieder ein Mensch dem System den ersten Anstoß zum Handeln geben.

Auch dieses System ist nicht perfekt, wie ich anlässlich der Geburt meines älteren Sohnes bemerkte. Dieser war nicht in Deutschland geboren, aber im Alter von vier Wochen mit mir nach Deutschland gezogen. Mein neugeborener Sohn reiste dabei aus praktischen Gründen mit einem amerikanischen Reisepass. Später wollten und mussten wir ihm aber auch einen österreichischen Reisepass besorgen. Dazu fordern die österreichischen Behörden eine Meldebescheinigung. Diese bekommt man in Stuttgart im Amt für öffentliche Ordnung – ein Ausdruck der mich immer sehr fasziniert hat, da er Eindruck erweckt, es handle sich dabei um ein eigenes Amt, dessen Aufgabe darin bestehe, in der Öffentlichkeit Ruhe und Ordnung herzustellen. Im Amt geriet ich dann in eine – zumindest im Nachhinein – erheiternde Diskussion. Auf meine Bitte um eine

---

13 Dieser altertümlich klingende Ausdruck besagt nichts anderes als: »Die Hebamme war bei der Geburt selbst dabei, und weil sie eine Hebamme ist, weiß sie wovon sie spricht, also kann sie die Geburt bezeugen.«

Meldebescheinigung wurde ich nach dem Reisepass meines Sohnes gefragt. Mein Hinweis, dass ich die Meldebescheinigung für die Beantragung eines Reisepasses brauchte, stieß auf Unverständnis. Die Mitarbeiterin beharrte darauf, eine Meldebescheinigung nur nach Vorlage eines Reisepasses auszuhändigen. Mein wiederholter Hinweis, dass ich eben diesen nur dann beantragen könne, wenn ich eine Meldebescheinigung vorlegen könne, lief ins Leere. Die Situation war absurd und eine Lösung offenbar unmöglich. Gelöst wurde das Problem von einer Kollegin, die die Mitarbeiterin bat, mir doch eine Meldebescheinigung auszustellen, da ja offensichtlich sei, dass ich nur mit einer solchen den notwendigen Reisepass beibringen könne. Unklar blieb für mich, ob dieses Problem daran lag, dass mein Sohn und ich Ausländer waren, oder ob diese Situation auch für deutsche Staatsbürgerinnen und -bürger entstehen kann.

Die Geburtsurkunde ist nun Dreh- und Angelpunkt der weiteren Behandlung der Menschen. Mit ihr ist es grundsätzlich möglich, sich anzumelden und einen Staatsbürgerschaftsnachweis zu erhalten. Letzterer wiederum führt uns zu weiteren Merkmalen der verwaltungstechnischen Identität, wie in weiterer Folge Personalausweis und Reisepass. Sobald wir diese haben, können wir unsere Identität nachweisen. Nach Paragraf 1 des Gesetzes über Personalausweise und den elektronischen Identitätsnachweis (Personalausweisgesetz, PAuswG) müssen deutsche Staatsbürgerinnen und -bürger dies sogar und müssen daher ab dem 16. Lebensjahr im Besitz eines Ausweises sein. Im selben Paragrafen wird auch festgehalten: »Sie müssen ihn auf Verlangen einer zur Feststellung der Identität berechtigten Behörde vorlegen und es ihr ermöglichen, ihr Gesicht mit dem Lichtbild des Ausweises abzugleichen.«

Und nun sind wir beim Problem der Identität in der digitalen Verwaltung angelangt. Diese Identität festzustellen, ist Pflicht der

Verwaltung, bevor sie handeln kann. Ihre Identität anzugeben, ist die Pflicht der Person, die eine Handlung der Verwaltung verlangt. Für die analoge Verwaltung ist der Ausweis und seine Prüfung kein großes Problem. Schließt man Fälschungen aus – die vorkommen können –, so ist die Identität einfach und schnell überprüfbar. Der Gesetzgeber hat sogar vorgesorgt, dass eine Identitätsprüfung nicht durch eine Verschleierung verhindert werden kann, indem er explizit die Forderung aufstellt, es zu ermöglichen »ihr Gesicht mit dem Lichtbild des Ausweises abzugleichen«.

In der digitalen Welt existiert aber die Verwaltung nicht mehr in Form einer Person, die für die Verwaltung tätig ist und daher auch eine Überprüfung der Identität vornehmen könnte. Die Identität muss auf anderem Weg geprüft werden. Eine solche Form der Überprüfung begegnete mir in einem Fall, in dem eine Firma eine solche Überprüfung einforderte. Dazu wurde ich an ein Servicezentrum verwiesen. In der Videokonferenz mit einer dortigen Mitarbeiterin musste ich meinen analogen Ausweis in die Kamera halten, diese drehen, wenden und kippen und auch selbst aufmerksam und ruhig in die Kamera schauen, bis die Mitarbeiterin und das automatisierte Bildvergleichssystem mit dem Ergebnis zufrieden waren. Das Ganze dauerte etwa zehn Minuten und ist kein wirklicher Ersatz für eine rasche digitale Prüfung unserer Identität. Bei diesem Vorgehen wären die Verwaltungsbehörden mit Prüfungen von Identitäten in Videokonferenzen zeitlich so gefordert, dass die eigentliche Arbeit liegen bleiben würde.

Der einzige Weg zur Nutzung digitaler Verwaltungsvorgänge ist also eine zuverlässige, eindeutige und sichere digitale Identität, die von einer Verwaltung rasch und automatisiert geprüft werden kann und so den Verwaltungsvorgang nicht verlangsamt, sondern beschleunigt.

Damit kommen wir zurück zum Urteil des Verwaltungsgerichts Karlsruhe. Dieses gibt einen Hinweis darauf, wie die Mitarbeitenden des Landes Baden-Württemberg vielleicht auch in Zukunft elektronische Services in Anspruch nehmen können, indem es festhält:

»Der elektronischen Form genügt ein elektronisches Dokument gemäß § 3a Abs. 2 Satz 2 VwVfG indes nur dann, wenn es mit einer qualifizierten elektronischen Signatur nach dem Signaturgesetz versehen ist.«

Verfolgt man diesen Hinweis im Detail, so stößt man darauf, dass der Gesetzgeber sich bereits viel Mühe damit gemacht hat, festzulegen, wie man digital signiert und kommuniziert. Es bedarf einer »qualifizierten elektronischen Signatur«. Diese zu bekommen, ist prinzipiell möglich, aber nicht einfach. Und so zeigt sich, dass vor allem Unternehmen und Behörden über eine »qualifizierte elektronische Signatur« verfügen. Für Privatpersonen ist das Verfahren nicht einfach und angesichts der wenigen verfügbaren elektronischen Services auch nicht attraktiv.

Was muss also geschehen, damit elektronische Behördenwege möglich werden? Zunächst müssen wir schon im eigenen Interesse daran festhalten, dass Behörden nur dann handeln, wenn die Identität der Antragstellenden geklärt ist. Niemand von uns möchte, dass Dritte in ihrem oder seinem Namen Anträge stellen oder sogar Verpflichtungen eingehen. Das Beispiel des Identitätsdiebstahls in den USA sollte uns durchaus abschrecken. Dort vergibt der Staat eine Social Security Number (SSN), mit der im Grunde jeder Service der Behörden genutzt werden kann, die aber auch im täglichen Zahlungsverkehr eingesetzt werden kann. Da die SSN als einzige

Methode der Identitätsfeststellung genügt, ist dem Missbrauch Tür und Tor geöffnet. Konsequenterweise wird bei der Beantragung einer SSN darauf hingewiesen, dass man diese SSN auf keinen Fall an Dritte weitergeben darf.

Was zunächst logisch erscheint – wem möchte man schon sein Passwort für alle Behördengänge geben? –, entpuppt sich in der Praxis als nicht ganz einfach. Vermietende, Banken, Versicherungen und viele andere nutzen die SSN ebenfalls, wenn sie mit Kundinnen und Kunden Geschäfte abwickeln. Die private SSN breitet sich damit im System aus und erhöht damit die Wahrscheinlichkeit, dass Unbefugte darauf Zugriff haben. Mit der SSN kann dann sogar eine Geburtsurkunde online beantragt werden. Wer auch immer die SSN besitzt, kann dann auch die Identität des eigentlichen Besitzers der SSN annehmen. Er kann in seinem Namen Kredite aufnehmen, Geschäfte abwickeln, Kreditkarten sperren und neue beantragen und schließlich auch alle – durchaus bescheidenen – Leistungen des amerikanischen staatlichen Sozialsystems in Anspruch nehmen. Für den eigentlichen Besitzer der SSN kann das fatale Folgen haben. Alle Betrügereien, die mit seiner SSN begangen wurden, gehen auf sein Konto. Alle Kredite, die mit seiner SSN beantragt wurden, gehen zu seinen Lasten. Nach Angaben aus dem Internet waren 2020 etwa 47 Prozent aller Amerikaner auf die eine oder andere Weise vom Missbrauch ihrer Identität betroffen. Dies verursachte 2020 insgesamt einen Schaden, der auf 712 Milliarden US-Dollar geschätzt wurde. Hierbei werden aber offenbar auch alle Fälle mitgezählt, in denen die SSN der Betroffenen genutzt wird, um kleinere Beträge von Banken abzuheben oder kleinere Einkäufe zu bezahlen.

Wie man sich in den USA eine Identität beschaffen konnte, zeigt auch der amerikanische Film »Die Verurteilten« (1994). Dem Insassen eines Gefängnisses, einem gebildeten Banker, gelingt es, aus dem Gefängnis heraus eine fiktive Person zu erschaffen und diese mit allen notwendigen Dokumenten und Nachweisen auszustatten, an erster Stelle natürlich mit einer Social Security Number. Eine sinnvolle Prüfung der Identität, wie sie in Deutschland üblich ist, ist also durchaus nicht nur eine Schikane der Behörden gegenüber den Bürgerinnen und Bürgern, sondern dient auch deren Schutz.

Wollen wir also die Services unserer Verwaltung digital nutzen, müssen wir an erster Stelle die Voraussetzungen dafür schaffen, die Identität einer Person digital zu prüfen. Die »qualifizierte elektronische Signatur« ist in ihrer bisherigen Form ein sehr sicherer, aber auch ein sehr aufwendiger und daher wenig pragmatischer Ansatz. Die Frage der individuellen Sicherheit stellt sich im digitalen Leben natürlich sehr viel stärker als im analogen. Auch ein Ausweis kann gestohlen werden. Aber dafür benötigt man kriminelle Energie und entweder einen Einbruch beim Bestohlenen oder die körperliche Nähe zum Bestohlenen bei einem Taschendiebstahl. In der digitalen Welt ist dagegen die Distanz zum Opfer unproblematisch. Ein digitaler Diebstahl ist auch erheblich weniger sichtbar als ein Einbruch. Dadurch erhöht sich definitiv das Risiko krimineller Angriffe.

In einer digitalen Welt muss der Staat diesen Umständen Rechnung tragen. Seine Aufgabe ist es, alle Services digital verfügbar zu machen und einen einfachen digitalen Zugang dazu anzubieten. Ein Beispiel dafür ist die Steuererklärung, die schon seit einiger Zeit sehr einfach (sofern man das deutsche Steuersystem einfach nennen möchte) digital erstellt und eingereicht werden kann. Als Hüter unserer Daten muss der Staat uns neben dem analogen Personalausweis auch einen digitalen Ausweis zur Verfügung stellen. Und so wie analoge Ausweise mit hohem staatlichem Aufwand fälschungssicher gemacht werden können und die Nutzung eines fremden

Ausweises oder die Herstellung eines gefälschten Ausweises unter Strafe steht, muss auch in der digitalen Welt verfahren werden. Es ist also letztlich der Staat, der eine digitale Identität bereitstellen muss. Er hat das mit der Ausgabe des Personalausweises, der auch als digitaler Ausweis genutzt werden kann, auch schon getan. Der deutsche Personalausweis ist mit einem Chip ausgestattet. Der Staat hat die notwendigen Rahmenbedingungen geschaffen, um Fälschungen möglichst schwer zu machen. Er muss den Datendiebstahl einer digitalen Identität erschweren und dabei trotzdem die Handhabbarkeit für die Bürgerinnen und Bürger im Auge behalten und es so einfach wie möglich machen, eine digitale Identität zu bekommen und zu nutzen. Das impliziert, dass staatliche Stellen ständig auf dem neuesten Stand der Technik sind, um neuen digitalen Angriffstechniken begegnen zu können. Das ist eine große Aufgabe, wobei vor allem die Sicherung der digitalen Identitäten eine Daueraufgabe des Staates sein wird. Es ist aber eine Aufgabe, die zwingend notwendig ist, möchte man die Vorteile der Digitalisierung auch in unseren Behörden und Verwaltungen genießen.

Der digitale Ausweis allein genügt aber nicht. Er allein garantiert nur, dass Staatsbürgerinnen und Staatsbürger sich digital ausweisen können. Um eine echte Digitalisierung der Services von Ämtern und Behörden zu erreichen, muss darüber hinaus sichergestellt werden, dass in angemessener Frist alle Services digital verfügbar gemacht werden können. Jeder Verwaltungsvorgang sollte mittelfristig digital durchgeführt werden können. Für eine gewisse Zeit schafft das den staatlichen Behörden Probleme, weil Bürgerinnen und Bürger eine Zeit lang erwarten werden, dass sowohl der persönliche als auch der digitale Service parallel zur Verfügung stehen. Außerdem stellt sich die Frage, wie Services für EU-Bürgerinnen und -Bürger erbracht werden können, deren Heimatstaaten keine digitalen Personalausweise haben. Das Problem bedarf also auch auf europäischer Ebene einer Vereinheitlichung. Ein letztes Problem bleibt uns aber, wenn wir über digitale Verwaltung sprechen. Ich zitiere deshalb weiter aus der Urteilsbegründung des Verwaltungsgerichts Karlsruhe, um das Ausmaß des Problems deutlich zu machen:

»Denn der Sinn der Schriftform liegt darin, die Identität des Absenders festzustellen und gleichzeitig sicherzustellen, dass es sich nicht um einen Entwurf, sondern um eine gewollte prozessuale Erklärung handelt (vgl. Schenke, in: Kopp/Schenke, VwGO, Kommentar, 25. Auflage, § 70, Rn. 2;vgl. zu den Funktionen des Schriftformerfordernisses insgesamt, BVerwG, Beschluss vom 02.07.2020 – 2 WRB 1.20-, juris, R.20).«

So hatte ich das noch nicht gesehen. Mir schien immer die Klärung der Sache im Vordergrund zu stehen und weniger die »gewollte prozessuale Erklärung«. Aber das ist natürlich der Kern des Problems. In Verwaltungsprozessen muss klar sein, dass das, was zwischen der Kundschaft und den Verwaltungen kommuniziert wird, sich nicht im luftleeren Raum abspielt. Im Grunde ist das wie ein Gespräch zwischen den Kundinnen und Kunden und dem Verwaltungspersonal im Amt. Solange man sich nur unterhält, ist alles unproblematisch. Neben der Unterschrift ist diese formalisierte »Auftragserteilung« also eine der Kernanforderungen der Verwaltung. Dieser Aspekt des Internets – dass Kundinnen und Kunden mit Verwaltungsmenschen nun über eine direkte digitale Verbindung kommunizieren, die sehr viel offener und damit auch unklarer ist als ein Brief und der man noch nicht so ganz vertraut – ist ein Problem, auf das ich später noch eingehen werde.

3 BILDUNG FÜR DIE DIGITALISIERUNG

Das 21. Jahrhundert ist geprägt von digitalen Technologien, die unser Leben in allen Bereichen gestalten und die darüber entscheiden, wie unsere Lebensqualität aussieht. Um die großen Herausforderungen der Zukunft wie den Klimawandel, die Energiewende, die Mobilitätswende, die alternde Gesellschaft und vieles mehr meistern zu können, brauchen wir diese digitalen Technologien und müssen verstehen, sie klug einzusetzen. Programmierung und der Umgang mit Computern werden damit zu wesentlichen Kulturtechniken des 21. Jahrhunderts. Ob und wie wir sie meistern, entscheidet auch darüber, wie erfolgreich wir unsere Zukunft gestalten.

In meinem Beruf als Professor unterrichte ich unter anderem die Grundlagen der Informatik für Studierende der Ingenieurwissenschaften. In den vielen Jahren des Lehrens habe ich es mir zur Gewohnheit gemacht, in der ersten Vorlesung mich selbst vorzustellen, aber auch den Studierenden die Möglichkeit zu geben, etwas über sich selbst zu berichten. Bei rund 300 Menschen im Hörsaal geht das nicht individuell, daher versuche ich, durch Fragen ein wenig über die Studierenden zu lernen. Unter anderem frage ich seit 20 Jahren danach, wer von den Studierenden schon in der Schule mit Programmierung zu tun hatte und welche Programmiersprachen dabei gelehrt wurden. Nun ist Programmierung nicht die einzige digitale Fertigkeit. Darüber hinaus gibt es auch noch die Medienkompetenz oder die Fähigkeit, abstrakt zu denken. Aber die Fähigkeit, zu programmieren, sagt schon einiges darüber aus, wie viel die Studierenden schon von Computern verstehen und ob sie sich schon mit abstraktem Denken beschäftigt haben.

Die Ergebnisse meiner Befragung waren zu Beginn meiner Lehrtätigkeit ziemlich ernüchternd. Nur rund ein Drittel der Studierenden hatte bereits in der Schule Kontakt mit der Programmierung.

Vor 20 Jahren schob ich das darauf, dass Deutschland eben ein wenig spät in der Entwicklung der digitalen Fähigkeiten und des digitalen Wissens seiner Schülerinnen und Schüler sei. Ich selbst hatte schon 1980 aufgrund der Initiative eines engagierten Lehrers zu programmieren begonnen. Das war in Österreich, und es war eine freiwillige Veranstaltung. Deutschland hielt ich für fortschrittlicher als Österreich und war daher überzeugt, dass in den kommenden Jahren die Zahl derer, die sich mit Programmierung beschäftigt hätten, stetig steigen würde.

Aber im Lauf der letzten Jahre wurde klar, dass das Gegenteil eingetreten ist. Die Zahl der Studierenden mit Programmiererfahrung aus der Schule in meinen Vorlesungen für ingenieurwissenschaftliche Studiengänge ist in den letzten beiden Jahrzehnten kontinuierlich gesunken. Dazu kommt, dass immer weniger meiner Studierenden aus ihrer Schulzeit mit richtigen Programmiersprachen vertraut sind und stattdessen immer mehr auf einfache und wenig herausfordernde Sprachkonzepte als Schulerfahrung verweisen müssen. Meine Erfahrungen mit Studierenden waren insofern erstaunlich, als Programmierung und der Umgang mit dem Computer zu den wesentlichen Kulturtechniken des 21. Jahrhunderts gehören und auch weiterhin gehören werden. Umso erstaunlicher war für mich der über Jahre sichtbare Rückgang dieser Fähigkeiten unter den Absolventen deutscher Gymnasien, die meine Vorlesungen besuchten.

Die Frage, die sich mir also stellte, war: Warum wird im Schulunterricht die Informatik so systematisch vernachlässigt? Als Wissenschaftler begann ich, pragmatisch Fakten dazu zu recherchieren. Die Einladung einer deutschen politischen Partei zu einer Diskussion über digitale Bildung gab mir dann die Gelegenheit, mich ein wenig mit digitaler Bildung in Europa zu beschäftigen. Die Erkenntnisse waren sofort ernüchternd. Im europäischen Vergleich war und ist Deutschland ein Entwicklungsland der digitalen Bildung. Eine Karte der Europäischen Kommission, in der farblich dargestellt wurde, in welchem Ausmaß die Mitgliedsstaaten der Europäischen Union digitale Bildung in den unterschiedlichen Schulstufen eingeführt haben, war schockierend. Mitten in Europa klaffte ein schwarzes Loch. Deutschland war demnach das einzige Land, das digitale Bildung nicht als reguläres Unterrichtsfach eingeführt hatte.

Als ich 2015 den britischen Bildungsminister bei einer Veranstaltung in Bristol traf und er dort in seiner Ansprache mit Stolz verkündete, dass in Großbritannien nun flächendeckender Informatikunterricht eingeführt worden sei, hielt ich das noch für politische Übertreibung. Sieben Jahre später weiß ich, dass Großbritannien vielleicht spät auf die Herausforderungen der digitalen Welt reagiert hat, dass aber Deutschland bis heute nicht bereit ist, die Realität einer digitalen Welt in seinem Schulunterricht anzuerkennen.

Bei meinen weiteren Untersuchungen stieß ich auf Informatik-Lehrkräfte, mit denen ich ins Gespräch kam. Von ihnen erfuhr ich, dass die Informatik grundsätzlich eine prekäre Existenz an Deutschlands Schulen hat. Bestätigt wird das bei einem Besuch auf den Webseiten der Kultusministerkonferenz. Sucht man nach »Informatik«, stößt man sehr schnell auf einen Begriff, der in den letzten Jahren eine großartige Karriere erlebt hat: MINT. Die Abkürzung steht für »Mathematik, Informatik, Naturwissenschaften, Technik«. Das klingt zunächst gut. Die Informatik also gleichberechtigt neben der Mathematik und den – ein wenig pauschalisierend – zusammengefassten Naturwissenschaften. Doch schon der Text der Webpage überrascht. Unter der Überschrift »Allgemeines zum Unterricht in den MINT-Fächern« liest man:

»Umfang und Anforderungen des mathematisch-naturwissenschaftlich-technischen Unterrichts sind in den einschlägigen Vereinbarungen der Kultusministerkonferenz zum Primarbereich, Sekundarbereich I und zum Sekundarbereich II festgeschrieben.«

Die Informatik ist im Text nun einfach verschwunden. Fast hat man den Eindruck, dass das »I« für Informatik wohl mehr der besseren Wirkung des Kürzels (MINT klingt deutlich besser als MNT) geschuldet ist, als dem Anspruch, Informatik im Unterricht tatsächlich ernst zu nehmen. Unter den Beschlüssen der Kultusministerkonferenz zu einzelnen Fächern aus MINT findet man dann konsequent einige Texte zu Mathematik, Physik, Chemie und Biologie, aufgeschlüsselt nach den unterschiedlichen Unterrichtsstufen. Zur Informatik findet sich nur ein Text aus dem Jahr 2004 über die Prüfungsanforderungen zum Fach Informatik beim Abitur.

Bildung, so habe ich als Ausländer gelernt, ist in Deutschland Ländersache, und so ist es vielleicht verständlich, dass die Kultusministerinnen und Kultusminister der Länder sich recht zurückhaltend zur Informatik an den Schulen geben. Warum aber dann ausgerechnet bei der Informatik und nicht bei den anderen Fächern der MINT-Welt?

Glücklicherweise hat Richard Schwarz 2021 in seiner Hausarbeit im Rahmen der ersten Staatsprüfung während seines Studiums an der Universität Rostock eine Zusammenstellung des Informatikunterrichts in den 16 Bundesländern durchgeführt. Die Arbeit zeigt die unterschiedlichen Herangehensweisen, aber auch einige Gemeinsamkeiten unter den Bundesländern auf.

In zwei der 16 Bundesländer – Mecklenburg-Vorpommern und Sachsen – findet eine Art Informatikunterricht durchgehend in der Sekundarstufe bis zum Abitur statt. Allerdings kombinieren diese beiden Bundesländer die Inhalte in einem Fall mit »Medienbildung«, während im anderen Fall ein Fach »Technik/Computer« angeboten wird. Das ist zunächst positiv. Hier werden Schülerinnen und Schüler über einen längeren Zeitraum mit Wissen und Kenntnissen im informationstechnischen Bereich versorgt. Ob es ein echtes Bekenntnis zur Informatik und zur Programmierung als einer Kulturtechnik des 21. Jahrhunderts ist, dürfte an den Schulen entschieden werden.

Auffällig ist, dass der oben genannte Begriff der »Medienbildung« immer wieder in der Diskussion um die Informatik und den Informatikunterricht an deutschen Schulen auftaucht. In den letzten Jahren hat sich die Diskussion über das Thema der Informatik an den Schulen offenbar ziemlich verlagert. Vor 20 Jahren standen noch Fragen im Vordergrund wie: Brauchen Schülerinnen und Schüler Programmierung? Müssen Schülerinnen und Schüler verstehen, wie ein Computer funktioniert? Das hat sich seit einiger Zeit jedoch geändert. Die Frage nach der Programmierung ist aus der öffentlichen Debatte verschwunden. Sie wird kaum noch als relevant wahrgenommen. Das dürfte einer der Gründe sein, warum immer weniger Schülerinnen und Schüler mit der Programmierung von Computern vertraut sind. Der Schwerpunkt der Diskussion hat sich in eine andere Richtung verschoben und die Frage nach dem Verstehen und Beherrschen des Computers in den Hintergrund gedrängt. Stattdessen ist seit einiger Zeit eine neue Frage in den Fokus der Bildungsdebatte geraten: Welche Schäden richten digitale Medien bei unseren Kindern an? Bücher zu diesem Thema erfreuen sich großer Beliebtheit, und Autorinnen und Autoren, die den Untergang des Abendlandes durch digitale Techniken ausrufen, beleben die Talkshows der Republik.

Diese Frage, ob und wie digitale Medien unseren Kindern schaden, ist nicht grundsätzlich unsinnig. Die Reduktion der Digitalisierung auf diese Frage zeigt jedoch eine erstaunlich einseitige Sichtweise und Wahrnehmung. Zunächst ist verständlich, dass Teile der Gesellschaft irritiert sind über das plötzliche Auftauchen digitaler Geräte, die uns im Alltagsleben ständig begleiten. Es sind meist Smartphones oder Tablets, die diese Diskussionen auslösen. Deren Nutzung wird teilweise als sinnlos, teilweise als gefährlich eingestuft. Eine Reihe von Fachleuten hat sich darauf spezialisiert, uns vor den Folgen dieser digitalen Medien für die Gesundheit unserer Kinder zu warnen. Fake News spielen in dieser Debatte ebenso eine Rolle wie Computerspiele oder die wiederholte Warnung davor, dass die kognitiven Fähigkeiten unserer Kinder durch den Konsum digitaler Medien Schaden erleiden würden. Die Debatte wirkt wie eine Neuinszenierung der Debatten über das Fernsehen aus den 60er-Jahren des vorigen Jahrhunderts. Liest man, was der Philosoph und Soziologe Theodor Adorno in seinen Interviews zur damaligen Zeit über die Gefahren des Fernsehens für junge Menschen und die Bevölkerung allgemein gesagt hat,[14] so gewinnt man den Eindruck, man müsse nur noch das Wort »Fernsehen« durch

---

14 Theodor W. Adorno, *Erziehung zur Mündigkeit,* Suhrkamp, 2015

»Internet« oder »digitale Medien« ersetzen und könne den Text in jeder deutschen Wochenzeitschrift als aktuellen Beitrag zur Debatte über digitale Medien wiederverwenden. 1963 sagte Adorno in einem Interview etwa über das Fernsehen bzw. Fernsehspiele: »... daß nämlich falsches Bewußtsein und Verschleierungen der Wirklichkeit den Menschen eingetrichtert werden,«[15] Das erinnert uns fatal an Fake News und Filterblasen im Internet. Die Soziologie mag jetzt einwenden, dass Adorno schon damals recht hatte und wir mit dem Internet und den digitalen Medien heute sehr vergleichbare Probleme vor uns haben. Aber der Logiker in uns kann doch nicht umhin, zu fragen: Wenn die Gefahren des Fernsehens vor 60 Jahren schon so groß waren und schon damals die kognitiven Fähigkeiten der Kinder so geschädigt wurden, wie kann es sein, dass wir heute so viele kluge Menschen haben, die die negativen Folgen des Internets untersuchen können? Und bei genauem Hinsehen erinnern dann viele der Einwände doch allzu sehr an die allgemeine Klage über »die Jugend von heute«, wie wir sie schon vor etwa 5000 Jahren bei den Sumerern, vor 2500 Jahren bei Sokrates und in unserer Jugend von unserer Elterngeneration gehört haben. In der politischen Debatte aber hat diese Diskussion über die Gefahren der digitalen Medien trotzdem eine Reaktion ausgelöst, die durch zwei Aspekte geprägt ist.

Zum einen wird eine unmittelbare Reaktion auf die vermeintlichen Gefahren für unsere Kinder und Jugendlichen seitens der Bildungspolitik und der Bildungseinrichtungen gefordert. Von Bildungspolitikerinnen und -politikern wird also verlangt, auf die vermeintliche Bedrohung durch digitale Medien zu reagieren. Das Er-

---

15 Theodor W. Adorno, *Erziehung zur Mündigkeit*, Suhrkamp, 2015

gebnis solcher Debatten sind die vielen Versuche, an den Schulen die Thematik der »Medienkompetenz« zu etablieren.

Zum anderen verschiebt diese Diskussion den Fokus der Debatte über digitale Bildung weg von der Technik des Computers und hin zur Nutzung des Computers. Diese Verschiebung gipfelt dann in der oft gehörten Behauptung: »Unsere Kinder wissen viel besser als die Lehrkräfte, wie man mit digitalen Systemen umgeht, also müssen wir ihnen keine Technik mehr beibringen, sondern nur noch die richtige Sichtweise auf digitale Medien.«

Was zunächst sehr überzeugend klingt – wer kennt nicht die Lehrerinnen oder Lehrer, denen eine Schülerin oder ein Schüler beim Einrichten des PCs oder der Nutzung des Beamers helfen muss –, entpuppt sich schnell als Trugschluss. Tatsächlich sind neue digitale Medien für uns alle herausfordernd. Tatsächlich sind Kinder und noch mehr Jugendliche sehr schnell in der Lage, solche Medien intuitiv zu nutzen.

Um aber zu verstehen, was digitale Medien sind, wie sie arbeiten und wie sie wirken, genügt es keineswegs, praktische Gebrauchsanweisungen für den Umgang mit diesen Medien anzubieten. Im Gegenteil: Ohne zu wissen, wie digitale Medien funktionieren, ist es kaum möglich zu verstehen, was in der Nutzung dieser Medien passiert. Wer bei Google nicht versteht, dass die gezeigten Ergebnisse von einem Algorithmus ausgewählt wurden, der die Vorliebe der Suchenden und die Interessen von Firmen berücksichtigt, glaubt vielleicht wirklich, dass die gezeigten Ergebnisse die besten oder wichtigsten Treffer in der Suche waren. Wer nicht versteht, dass Systeme der Künstlichen Intelligenz (KI) vor allem mit bestehenden Daten gefüttert werden, glaubt vielleicht wirklich, dass die Entscheidungen einer solchen Künstlichen Intelligenz objektiv sind – und übersieht, dass in die Trainingsdaten der KI die Vorurteile ihrer Entwicklerinnen und Entwickler eingeflossen sind und die KI deshalb bevorzugt People of Colour als »verdächtig« »erkennt«. Wissen darüber, wie Hardware und Software arbeiten, ist also unabdingbar notwendig, um zu verstehen und einzuschätzen, was uns digitale Systeme liefern.

Die Aufforderung »sei vorsichtig!« wirkt bei Kindern und Jugendlichen aller Erfahrung nach dann besser, wenn sie über das »Warum« der notwendigen Vorsicht aufgeklärt werden. Die Reduktion der informationstechnischen Bildung auf den Begriff der »Medienkompetenz« reduziert also unsere Möglichkeiten, Kindern und Jugendlichen die Werkzeuge an die Hand zu geben, die es ihnen ermöglichen, sich in einer digitalen Welt zurechtzufinden. Es ist, als hätten Bildungspolitiker des 18. Jahrhunderts nicht die Schulpflicht mit den Themen Lesen, Schreiben und Rechnen begründet, sondern stattdessen gefordert, Kinder und Jugendliche vor den Folgen von Verträgen und Rechnungen zu warnen. Und Württemberg hätte wohl nach dem Ausbruch des Tambora 1815[16] und den folgenden Ernteausfällen nicht die Universität Hohenheim gegründet, sondern stattdessen das Thema »Umgang mit Hunger« in das Curriculum seiner Bildungsanstalten aufgenommen.

Aber kehren wir zurück zur Hausarbeit von Richard Schwarz über den Informatikunterricht an den Schulen der deutschen Bundesländer. Weitere zwei Länder (Bayern und Baden-Württemberg) ha-

---

16 Zwischen dem 10. und 15. April 1815 kam es zu einem gewaltigen Ausbruch des Tambora in Indonesien, bei dem etwa 10.000 Menschen direkt starben. Der Vulkan warf so viel Material in die Atmosphäre, dass es im Jahr 1816 zu einem sehr kalten Sommer mit starken Ernteausfällen und 1817 zu Hungersnöten kam. Das Württembergische Königspaar initiierte daher 1818 eine Landwirtschaftliche Unterrichts-, Versuchs- und Musteranstalt, aus der die heutige Universität Hohenheim hervorging.

ben immerhin eine minimale Pflicht zum Informatikunterricht verankert. Laut Studie ist es in Baden-Württemberg ein Jahr und in Bayern sind es zwei Jahre. Das ist besser als nichts. Es reicht aber nicht aus, um eine umfassende Bildung für die Notwendigkeiten des 21. Jahrhunderts zu garantieren. Um digitale Systeme sinnvoll einsetzen zu können, bedarf es einer Reihe von Fähigkeiten, die entwickelt werden müssen und deren Anwendung für das technische System Computer eingeübt werden muss. So wie auch die Auseinandersetzung mit der Mathematik oder einer Sprache (ob eigene oder fremde spielt hier keine Rolle) nicht sinnvoll in einem oder zwei Jahren abgehandelt werden kann, sondern kontinuierlich über einen längeren Zeitraum gehen muss, um erfolgreich zu sein. Trotzdem sind die ersten Ansätze positiv zu bewerten, denn: Die restlichen zwölf Bundesländer (also alle außer Mecklenburg-Vorpommern, Sachsen, Bayern und Baden-Württemberg) kennen keinen verpflichtenden Informatik-Unterricht. Die einzige Ausnahme bildet hier noch das Saarland, das an speziellen Gymnasien die Informatik zur Pflicht macht – also das Thema in die Spezialisierungsecke abschiebt.

Zwölf Bundesländer bieten einen Informatikunterricht nur als Wahlmöglichkeit an. Das heißt, die Schülerinnen und Schüler dieser Länder können ohne jegliche Kenntnisse von Computern und Programmierung ihr Abitur ablegen, eine Ausbildung oder ein Studium absolvieren und ins Berufsleben eintreten. So verwundert es dann auch nicht, dass Unternehmen und Behörden händeringend nach Menschen suchen, die in der Lage sind, Computer sinnvoll einzusetzen und das dominierende Produkt des 21. Jahrhunderts – Software – zu entwickeln.

Ist das ein rein deutsches Problem oder haben wir es hier mit dem Phänomen zu tun, dass neue Techniken und Entwicklungen von Bildungssystemen generell nur schwer integriert werden können? Ohne hier eine Übersicht über alle Industriestaaten dieser Welt geben zu können, wird deutlich, dass dieses Problem spezifisch deutsch geworden ist. Welche Auswirkungen das hat, wurde mir bei einem Besuch an der University of Berkeley in Kalifornien bewusst. Als Mitglieder einer Delegation aus Baden-Württemberg besuchten wir einige Einrichtungen in Kalifornien und beschäftigten uns dabei auch mit der Start-up-Kultur im Silicon Valley. An der University of Berkeley besuchten wir ein universitäres Zentrum zur Förderung von Unternehmensgründungen. In den Vorträgen der Gründerinnen und Gründer wurde schnell klar, wo die Schwierigkeiten liegen. Zum einen berichteten die Gründerinnen und Gründer von Gründungsmitteln, die ihnen zur Verfügung gestellt wurden, weil Risiko-Kapital im IT-Umfeld leicht zu bekommen war. Für mich beeindruckender war aber, dass alle davon berichteten, dass sie für ihre Firmengründung kurzfristig Dutzende IT-Fachleute anheuern konnten, um ihre Ideen umzusetzen. Auf der Fahrt zurück ins Hotel unterhielt ich mich mit einer Politikberaterin. Sie fragte mich, ob die Politik in Deutschland mehr Risiko-Kapital zur Verfügung stellen solle, um mit dem Silicon Valley mithalten zu können. Meine Antwort war nach dem Gehörten klar: Kein Risikokapital dieser Welt kann das Problem lösen, dass es einem IT-Start-up in Deutschland gar nicht möglich wäre, in so kurzer Zeit so viele gut ausgebildete Softwarefachleute zu finden. Diese sind schlichtweg nicht vorhanden, weil wir sie nicht ausbilden. Bestätigt wurde ich am nächsten Tag in einer Diskussion mit einem deutschen Studenten, der nach Kalifornien gegangen war, um dort erfolgreich zu sein. Er berichtete davon, dass er seine Programmierfähigkeiten seiner Eigeninitiative verdanke und den Kommilitonen in den USA nun hinterherhinke, weil ihm deren langjährige Erfahrung aus dem Schulunterricht fehle.

An diesem Punkt der Diskussion taucht in Deutschland meist das Argument auf, dass man in Deutschland eben andere Fähigkeiten habe und dass die IT eben eine Domäne der Amerikaner und Asiaten sei. Das lässt sich jedoch kaum begründen. Einzelne herausragende Beispiele zeigen, wie auch Deutsche im Bereich der IT erfolgreich sein können. Die deutsche Firma SAP ist nach eigenen Angaben das drittgrößte börsennotierte Softwareunternehmen. Gegründet und aufgebaut von Deutschen. Der deutsche Informatiker und Unternehmer Andreas von Bechtolsheim gilt als eine Ikone der Gründerkultur im Silicon Valley. Es liegt nicht an den Menschen oder einer womöglich typisch deutschen Unfähigkeit zur Informatik. Es liegt an den fehlenden Strukturen in unserem Bildungssystem.

Die schon heute bestehende Dominanz informationstechnischer Systeme in unserem Leben – sei es im privaten Alltag oder im Wirtschaftsleben – macht das Verständnis und die Nutzung solcher Systeme zu einer wesentlichen Grundlage für das Verständnis unserer Welt und den Umgang mit ihren Herausforderungen. Damit wird die Programmierung von Computersystemen zu einer Technik, die Menschen ebenso beherrschen sollten wie das Lesen, Schreiben und Rechnen. Die Herausforderung in unserer Bildungspolitik heißt daher, diese Fähigkeit so in den Lehrplänen zu verankern, dass unsere Schülerinnen und Schüler sich das notwendige Wissen und Verständnis aneignen können. Dieses Wissen ist nicht rein technisch zu verstehen. Grundlagen der Programmierung sind die Fähigkeit, abstrakt zu denken, und die Fähigkeit, Probleme unseres Lebens in einer Abstraktion so abzubilden und darzustellen, dass Computersysteme uns bei der Lösung dieser Probleme behilflich sein können.

Vielfach verursacht diese Forderung Ängste. Die klassische Bildung deutscher Schulen sei bedroht. Sehr oft wird befürchtet, dass mit der Einführung eines Faches »Informatik« an unseren Schulen andere Fächer weichen müssen, wobei insbesondere das Fach »Latein« immer wieder genannt wird. Doch diese Vorstellung wäre völlig falsch. Das Lateinische ist die perfekte Vorbereitung und Ergänzung für die Informatik. Die Sprache ist logisch aufgebaut, sie fördert das abstrakte Denken und ist nicht nur für mich eine exzellente Hilfe beim Verständnis moderner Programmiersprachen. Klassische Bildung steht also nicht im Widerspruch zur informationstechnischen Bildung, sondern die beiden ergänzen und verstärken einander im Idealfall.

Bei meinen Arbeiten zur Informatiklehre für meine Studierenden im Bereich der Ingenieurwissenschaften bin ich immer wieder auch auf diesen Zusammenhang gestoßen. Dabei stieß ich in meinen Recherchen auch auf das Trivium. Mit diesem Begriff wurden drei Fächer bezeichnet, die von der Antike bis in die hochmittelalterlichen Universitäten die Grundlage einer akademischen Ausbildung bildeten. Diese drei Fächer waren die Grammatik (das formal richtige Sprechen), die Dialektik (das inhaltlich richtige Sprechen) und die Rhetorik (das richtig verständliche Sprechen). Diese drei Künste sind auch die Grundlage der Programmierung. Programmiersprachen müssen formal richtig genutzt werden. Sie müssen inhaltlich das Richtige ausdrücken. Sie müssen verständlich eingesetzt werden, damit auch Dritte ein Programm lesen und verstehen können. Wir können und dürfen also auf unsere klassische Bildung zurückgreifen, um Informatik zu unterrichten. Und da Programmiersprachen eben Sprachen sind, in denen wir möglichst elegant abstrakte Dinge ausdrücken sollen, ist mein Credo darüber hinaus auch: Wer ein Gedicht schreiben kann, kann auch ein Programm schreiben.

Es wird also Zeit, die digitale Bildung in den Schulen und Lehrplänen so zu verankern, dass unsere Kinder auf das 21. Jahrhundert vorbereitet sind, dass sie in der Lage sind, sich digital auszu-drücken, digitale Systeme zu verstehen und zu nutzen, und dass sie sich so in die Lage versetzen, digitale Systeme zu beherrschen und nicht von ihnen beherrscht zu werden. Dazu muss die Informatik dauernder und wesentlicher Bestandteil unserer schulischen Ausbildung werden. Ob als eigenständiges Fach oder integriert in benachbarte Fächer wie die Mathematik oder die Naturwissenschaften ist dabei sekundär. Keine Schülerin und kein Schüler sollten unsere Schulen verlassen, ohne gelernt zu haben, mit Computern umzugehen und diese zu programmieren.

4 BILDUNG DIGITAL ORGANISIEREN

Stell dir vor, es ist Schule, und keiner geht hin.[17] Diese Zeile in Anlehnung an ein Bertolt Brecht zugeschriebenes Gedicht beschreibt recht gut die Situation von Schülerinnen und Schülern sowie Lehrkräften in der Corona-Pandemie, aber auch generell die Situation derjenigen, die aufgrund von Krankheit oder aus anderen persönlichen Gründen am Besuch der Schule verhindert sind. Es hilft, das Gedicht weiterzulesen, um die Lösung für das Problem zu finden. Denn dort heißt es (sinngemäß abgewandelt) weiter: Dann kommt die Schule zu euch. Auch in der Pandemie war das letztlich die Lösung, nur dass mangels Digitalisierung die Schule nicht ohne Weiteres zu den Lehrkräften und Schülerinnen und Schülern kommen konnte.

Im Frühjahr 2020 sollte mein Sohn sein Abitur machen. Die Anspannung war natürlich groß, aber seine Schwester hatte das Abi schon zwei Jahre vorher bestanden, und so war schon klar, dass es nicht so schlimm werden würde. Vater und Sohn waren zwar nervös, aber letztlich sollte nichts schiefgehen. Zumindest bis COVID-19 Ende Februar 2020 in unser Leben trat.

Von da an war alles anders. Was zunächst noch recht entspannt klang: »Die Abiturklassen können ja digital betreut werden«, erwies sich immer mehr als mittlere Katastrophe. Schulen, Lehrkräfte, El-

---

17 Der Satz »Stell dir vor, es ist Krieg, und keiner geht hin« wurde in den 80er-Jahren zum Slogan der deutschen Friedensbewegung.

tern sowie Schülerinnen und Schüler waren nicht auf diese Situation vorbereitet. Im Folgenden soll daher auch niemandem die Schuld am Scheitern des digitalen Unterrichts gegeben werden. Das System als Ganzes war darauf nicht vorbereitet, und damit waren einzelne Akteure auch nicht in der Lage, im Rahmen des Systems ihre jeweiligen Aufgaben zu erfüllen.

Im Vordergrund standen sofort grundlegende Probleme. Der einfache Ansatz, den Unterricht statt in Präsenz einfach online zu halten, erwies sich schnell als nicht durchführbar. Das wäre zwar optimal gewesen, weil Stundenpläne schon abgestimmt waren, aber allen Beteiligten fehlten sowohl die technischen als auch die organisatorischen und fachlichen Voraussetzungen dafür. Ausnahmen gab es, doch in der Breite war das Bildungssystem Schule nicht onlinefähig.

An den Universitäten war die Situation anders. Dafür gab es eine Reihe von wesentlichen Gründen. Einerseits befanden sich die meisten Universitäten beim Ausbruch der Pandemie in Deutschland in der Semesterpause. Es waren also noch vier bis sechs Wochen Zeit, um sich auf ein Semester vorzubereiten, von dem man annahm, dass es zunächst nur online stattfinden konnte. Auch wenn das eine kurze Zeit war, so war es doch genug, um nicht so unmittelbar von der Pandemie gestoppt zu werden wie der schulische Unterricht.

Ein weiterer Grund, warum die Universitäten mit der Pandemie zunächst besser zurechtkamen, war die Existenz von Lern- und Lehrplattformen. Die Digitalisierung der Lehre war seit etwa zehn Jahren ein Standardprozess, der von Studierenden und Lehrenden gleichermaßen eingefordert worden war, und der entsprechend auch an den Universitäten umgesetzt wurde. Damit gab es sowohl die großen Rechner, auf denen diese Plattformen schon liefen, und es gab die entsprechende Software. Bis zur Pandemie waren diese

Plattformen für die Information der Studierenden sowie zur Organisation von Lehre und Prüfungen genutzt worden. Dort wurden Texte und Folien abgelegt, außerdem konnten sie auch als Diskussionsplattform für einzelne Vorlesungen dienen. Mit der Pandemie stiegen die Anforderungen deutlich. Jetzt mussten alle Vorlesungen entweder online oder in Form von abgespeicherten Videos über die Lernplattformen laufen. Für die Onlinelehre mussten Videokonferenzwerkzeuge beschafft werden.

Für diese Herausforderungen gibt es bestehende Rechenzentren, die als zentrale Einrichtungen der Universitäten die Gesamtverantwortung für die Informationstechnologie sowohl für Infrastrukturen als auch für die Software tragen. Diese Rechenzentren wurden typischerweise in den 70er Jahren eingerichtet. Sie verfügen über ein festes Budget und einen festen Personalstamm. Damit gehören sie zu den langlebigsten Einrichtungen einer Universität. Aus dieser Rolle heraus haben sie auch den Überblick über zentrale Notwendigkeiten. Sie wissen also, was Lehre und Forschung brauchen und nehmen den Versorgungsauftrag wahr.

Für die Studierenden bedeutete diese Umstellung auf Onlinelehre – neben dem Verlust der persönlichen Interaktion mit Vortragenden, aber auch anderen Studierenden, der seine eigenen Probleme mit sich brachte – vor allem, die notwendigen Schritte zu unternehmen, um am Vorlesungsbetrieb digital teilzunehmen. Der Aufwand dafür – sowohl finanziell als auch zeitlich – sollte nicht unterschätzt werden. Aber auch die Universitäten müssen die technischen Voraussetzungen schaffen. Es gilt, Datenserver zu beschaffen und zu betreiben, auf denen die digitalen Inhalte der Vorlesungen abgelegt werden. Diese Server müssen so ausgebaut werden, dass sie auch dem gleichzeitigen Zugriff Tausender Studierender auf die Inhalte standhalten können. Es muss Software beschafft werden, um digitale Inhalte zu erstellen. Schließlich müssen die Lehrenden ihren Unterricht entsprechend umgestalten.

Für die Lehrenden, das kann ich aus eigener leidvoller, aber auch spannender Erfahrung berichten, bedeutete die Umstellung – neben dem Verlust des direkten Kontakts zu den Studierenden, der für die meisten Lehrenden sehr wichtig ist – vor allem die Neustrukturierung der Vorlesungen und Übungen. Was man in 90 Minuten erzählt, hat zwar eine Grundstruktur, es hängt aber sehr stark von der Reaktion der Zuhörenden ab, welche Schwerpunkte man setzt, was man genauer erklärt oder nicht. Aber es waren vermutlich kaum digitale Investitionen notwendig, weil die Lehrenden von ihren Universitäten typischerweise schon vor der Pandemie mit den notwendigen digitalen Werkzeugen versorgt waren.

Der Aufwand war trotz allem groß, sowohl was den finanziellen Bedarf als auch die Arbeitszeit der Mitarbeitenden an den Rechenzentren der Universitäten anging. Der Aufwand war zeitlich hoch für Lernende und Lehrende. Aber weil eine digitale Infrastruktur, digitale Werkzeuge und verantwortliche Rechenzentren existierten, gelang die Umsetzung an den meisten Universitäten sehr gut. Spätestens im Wintersemester 2020/21 waren die Dinge so eingespielt, dass sich beinahe wieder ein Normalzustand eingestellt hatte. Lehrende und Lernende wünschten sich den direkten Kontakt zwar zurück, konnten aber mit der Situation ganz gut umgehen. Wirklich problematisch war die Situation nur für die Studienanfänger, die immer ein wenig Zeit brauchen, um sich in der neuen Umgebung zurechtzufinden, und die in der Pandemie damit sehr viel größere Schwierigkeiten hatten als sonst. Aber das war eine Folge der Pandemie und nicht der mangelnden Digitalisierung.

An den Schulen war die Situation völlig anders. Schülerinnen und Schüler wie mein Sohn blieben wochenlang ohne vollständige Informationen über das weitere Vorgehen. Unklar war, wie der Unterricht erteilt werden sollte – online live, in Form von Videos oder gar nur in Form von bereitgestellten Dokumenten mit den Lerninhalten. Wie würde die Aufgabenverteilung erfolgen (per E-Mail oder zum Herunterladen bereitgestellt)? Wie sollten Klausuren abgehalten werden? Die Kommunikation mit Lehrkräften war deutlich schwieriger, und vor allem war unklar, ob und wie das Abitur durchgeführt werden würde. Die Frage war auch: Warum war die Situation so undurchsichtig?

Betrachtet man die Komponenten, die den Universitäten geholfen haben, erfolgreich zu sein, fällt auf, dass sie an den Schulen fehlen. Nun ist Deutschland ein föderales Land, und die Zuständigkeit für Bildung liegt daher bei den Ländern. In jedem Land ist die Lage daher ein wenig anders, Trotzdem lassen sich ganz allgemein ein paar Dinge feststellen.

Zunächst ist die Digitalisierung in den Schulen typischerweise kein Thema. Es gibt also keine über lange Zeit etablierten Konzepte zu den Themen Hardware, Software und digitale Inhalte. Schulen verfügen typischerweise nicht über zentrale Hardware, um selbst digitale Services anzubieten. Das ist auch nicht ihre Kernaufgabe, und es wäre an den meisten Schulen auch nicht zu rechtfertigen, für die relativ geringe Zahl von Nutzerinnen und Nutzern eigene zentrale Rechner zu beschaffen. Aber auch die Lösung, Hardware von Dritten zu nutzen, ist in Deutschland an Schulen nicht weit verbreitet. Sieht man von PCs in den dafür vorgesehenen Unterrichtsräumen ab, steht keine Infrastruktur zur Verfügung, um den digitalen Unterricht zu unterstützen. Es fehlt also zunächst an einer infrastrukturellen Grundlage. Damit ist es auch schwierig, einen dauernden Lernservice bereitzustellen. Services dieser Art arbeiten auf Rechnerplattformen, die rund um die Uhr laufen. Nur so kann die Flexibilität in der Nutzung sichergestellt werden, sodass Lernende und Lehrende jederzeit Inhalt zur Verfügung stellen oder nutzen können. Darüber hinaus haben die meisten Schulen keinen Zugriff auf eine Lernplattform, die es erlaubt, die unterschiedlichen Aspekte des Unterrichts auszuführen. Unterricht besteht ja grundsätzlich aus verschiedenen Elementen. Dazu gehören mindestens die Wissensvermittlung, die Diskussion mit den Lernenden, die Fragen der Lernenden und die Beantwortung von Fragen durch die Lehrenden, das eigene Bearbeiten von Fragestellungen (z. B. Hausaufgaben), die Vorbereitung von Referaten der Lernenden, das Halten dieser Referate, die Überprüfung der Hausaufgaben, die Überprüfung des Wissenstandes der Lernenden (Klausuren), die Auswertung der Klausuren, das Gespräch mit den Lernenden über individuelle Probleme und schließlich im Bedarfsfall die mündliche Prüfung. Alle diese unterschiedlichen Schritte im Unterricht müssen, wenn sie in Präsenz nicht mehr möglich sind, digital unterstützt werden. Lern- und Lehrplattformen – also Softwarepakete – müssen die notwendigen Funktionen zur Verfügung stellen. Damit sind solche Plattformen sehr komplex und verbrauchen Rechnerressourcen. Außerdem muss der Umgang mit ihnen erlernt werden, und sie sind zu betreuen und mit den notwendigen Informationen wie Hausaufgaben oder Prüfungsfragen zu »füttern«.

Auch wenn zumindest Ansätze für Lern- und Lehrplattformen schon vor der Pandemie verfügbar waren, wurden diese für den Unterricht kaum genutzt. Das ist zunächst weder verwunderlich noch zu kritisieren. Wenn Präsenzunterricht die Norm ist und auch problemlos organisiert werden kann, sind solche Plattformen nur Ergänzungen. Vor allem in den Schulen ist darüber hinaus selbstverständlich der persönliche Kontakt mit den Lehrenden aus einer ganzen Reihe von Gründen einer digitalen Plattform vorzuziehen.

Als nun die Pandemie den deutschen Schulen einen Online-unterricht aufzwang, waren daher zunächst auch eine ganze Reihe von Fragen offen und wurden entsprechend kontrovers diskutiert. Alle diese Fragen sind und waren wichtig. Eine Diskussion darüber war notwendig. Dass diese Diskussionen aber erst geführt wurden, als Corona uns dazu zwang, zeigt die Defizite in der Digitalisierung in Deutschland sehr deutlich auf.

Sehen wir uns die Fragen einmal in Ruhe an. Zuallererst stellte sich die Frage danach, ob denn mit Onlineunterricht überhaupt noch alle Schülerinnen und Schüler erreicht werden konnten. Das ist eine zentrale Frage, denn ohne diese Frage mit Ja beantworten zu können, würde Onlineunterricht automatisch dazu führen, dass manche Menschen vom Unterricht ausgeschlossen werden. Das wäre nicht im Sinn der Gesetzgebung. Es wäre auch pädagogisch für das betroffene Kind, die Schule, die Mitschülerinnen und -schüler, die Lehrkräfte sowie für die Gesellschaft als Ganzes katastrophal. Digitale Inklusion oder auch digitales Empowerment sind daher Grundvoraussetzungen für den Einsatz digitaler Lehre. Alle müssen jederzeit die Möglichkeit haben, gleichberechtigt und gleichermächtigt am Unterricht teilzunehmen.

Aber für digitale Inklusion fehlen:
- Endgeräte
- Zugang zu schnellem Internet
- Ausgebildete Lehrkräfte
- Qualifiziertes Personal im Bereich der IT-Administration

Die Bundesregierung hatte bereits 2019 einen Digitalpakt mit einem Volumen von rund 5 Milliarden Euro gestartet. Mit dem Geld sollte der Zugang zu schnellem Internet gefördert werden und der Einsatz digitaler Whiteboards. Digitale Whiteboards sind Tafeln, auf denen gearbeitet werden kann wie an einer klassischen Schultafel. Der Inhalt kann jedoch digital weiterbearbeitet werden. Dadurch sind einerseits mehr Interaktivität und die direkte Einbeziehung von digitalen Materialien möglich. Andererseits kann das Tafelbild nach dem Unterricht den Schülerinnen und Schülern verfügbar gemacht werden. Während schnelles Internet eine unumstrittene Notwendigkeit in der digitalen Versorgung von Schulen ist, werden Whiteboards nicht von allen Lehrkräften als Bereicherung angesehen.

Für den Digitalpakt musste das Grundgesetz geändert werden, um die klare Aufgabentrennung zwischen Bund und Ländern in Bildungsangelegenheiten aufzuweichen. Was recht technisch klingt, macht in Wirklichkeit deutlich, wo die Grenzen deutscher Politik in Fragen der Bildung liegen. Bildung ist Ländersache. Durch den Föderalismus entsteht so eine Konkurrenz der Systeme. Diese kann dazu beitragen, dass neue Methoden der Schulpolitik erprobt und gegeneinander abgewogen werden können, weil unterschiedliche Länder unterschiedliche Wege gehen. Konkurrenz könnte hier also durchaus zum Vorteil gereichen, vor allem wenn Länder versuchen, an die Spitze der nationalen Rankings zu kommen. Aber gleichzeitig hat dieses System seine Nachteile. Denkt man an die Digitalisierung, ist der große Nachteil, dass die Bundesregierung sehr eingeschränkt ist in ihren Möglichkeiten, die digitale Bildung in Deutschland voranzutreiben. Die Verantwortung für Erfolge und Versäumnisse in der digitalen Bildung liegt damit bei den Landesregierungen. Entsprechend wurde der Digitalpakt vehement diskutiert, sahen doch die Länder einerseits die Unterstützung des Bundes, fürchteten aber andererseits die Einmischung des Bundes in die Angelegenheiten der Länder.

Schon die 2019 verfügbar gemachten 5 Milliarden Euro flossen relativ langsam ab, was ein Signal dafür ist, dass die Schulen nicht darauf vorbereitet waren, eine solche Finanzierung auch sinnvoll umzusetzen. In der Pandemie reagierte der Bund dann auf die Frage der fehlenden Laptops und stellte im Juli 2020 nach einer Vereinbarung mit den Ländern 500 Millionen Euro für Laptops an den Schulen zur Verfügung. Diese sollten an Schülerinnen und Schüler verliehen werden können.

Laptops und Tablets allein lösen jedoch das Problem des digitalen Unterrichts nicht. Zum nächsten Problem wird der Zugang zu digitalen Inhalten. Dabei geht es zunächst schlichtweg darum, einen schnellen Internetzugang zu haben, um auf Inhalte auch zugreifen zu können. Das schönste Lehrvideo ist nutzlos, wenn Schülerinnen und Schüler es nicht oder nur über Stunden herunterladen können, um es anzusehen. Hier zeigt sich eine weitere Schwäche des deutschen Schulsystems. Sozial schlechter gestellte Schülerinnen und Schüler, deren Eltern sich einen solchen schnellen Internetzugang nicht leisten können (vgl. Einleitung), werden auch in der digitalen Welt benachteiligt. Ihre Möglichkeiten, digitalen Unterricht zu nutzen, sind deutlich eingeschränkter. Abhilfe schaffen hier aktuell keine Hilfsprogramme. Vorstellbar ist jedoch, dass der Zugang zu schnellem Internet ein Grundrecht wird.[18] Dafür müsste jedoch zunächst eine sichere, stabile, zuverlässige und leistungsfähige Internet-Infrastruktur in ganz Deutschland verfügbar sein.

---

18 Kurz vor Drucklegung dieses Buches wurde das »Recht auf schnelles Internet« in Deutschland Realität. Die gesetzlich vorgeschriebene Mindestbandbreite für das Herunterladen von Daten (das interessiert die privaten Haushalte am meisten) liegt bei 10 Mbit. Die 10 Mbit wurden jedoch als zu gering kritisiert. Auch der langwierige Weg des Einklagens der Mindestbandbreite stieß auf Kritik.

In Deutschland entstand im Kontext des digitalen Unterrichts darüber hinaus ein weiteres Problem. Die Fragen des Datenschutzes und der Vertraulichkeit von Kommunikation wurden zu einem relevanten Problem. Darf eine Lehrkraft E-Mails als Weg der Kommunikation mit Schülerinnen und Schülern nutzen? Ist diese zuverlässig genug? Was, wenn die E-Mail nicht ankommt? Sind die Daten in so einer E-Mail vertraulich? Dürfen Schülerinnen und Schüler E-Mails an Lehrkräfte versenden? Wie sicher und zuverlässig sind digitale Plattformen, auf denen Unterrichtsmaterial gespeichert wird?

All diese Fragen ergeben sich aus einer Mischung von realen Problemstellungen und diffuser Sorge. Sie deuten aber auch auf ungelöste Probleme in der Digitalisierung in Deutschland hin. Abzuwarten, bis alle rechtlichen Fragen geklärt sind, war in der Pandemie nicht möglich, sodass vieles gemacht wurde, vorbehaltlich einer späteren Prüfung von Sicherheit und Datenschutz. Mit Sicherheit ist es kein guter Ansatz, diese Probleme auf Dauer zur Seite zu schieben. Es ist aber auch kein sinnvoller Ansatz, die finale Abklärung aller Detailfragen abzuwarten, bis dann endlich digitaler Unterricht möglich gemacht wird. Nach zwei Jahren Pandemie ist klar, wie positiv sich die Möglichkeit der digitalen Interaktion auf den Unterricht auswirken kann. Vor allem wenn Schülerinnen und Schüler aus gesundheitlichen Gründen vorübergehend oder auch auf Dauer an der Teilnahme am Unterricht verhindert sind, ist die digitale Beteiligung ein enormer Vorteil. Wir werden also einen Weg finden müssen, Fragen der Datensicherheit und des Datenschutzes rasch und pragmatisch zu lösen, wenn wir diese Vorteile auch für alle Schülerinnen und Schüler verfügbar machen wollen.

Aber auch für die Lehrkräfte ergeben sich natürlich eine Reihe von Fragen und Problemen im Kontext von digitalen Plattformen.

Einige dieser Fragen sind an den Universitäten Deutschlands schon geklärt. Urheberrechtliche Fragen, wenn für den Unterricht auf Texte oder Bilder zurückgegriffen wird, sind grundsätzlich geklärt. In Pauschalvereinbarungen wurde festgehalten, dass zu Zwecken der Lehre Bilder und Texte genutzt werden dürfen. Der Nutzerkreis muss dabei eingeschränkt sein, und die Menge an Bildern und Text muss definiert sein (damit nicht ganze Bücher digital verteilt werden können). Die Frage nach dem Umgang mit mündlichen Prüfungen ist weitgehend geklärt – auch wenn eine finale Abklärung noch nicht erfolgt ist. Problematischer sind die Fragen der Datensicherheit. Lehrkräfte müssen sicher sein können, dass Klausuraufgaben nicht vor der Klausur bekannt werden. Sie müssen sicher sein, dass digital eingereichte Lösungen von der Person stammen, die an der Klausur teilgenommen hat. Auch hier würde wieder die Nutzung einer digitalen Identität zur Identifizierung der Absendenden den Prozess erleichtern. Es muss sichergestellt werden, dass einmal eingereichte Klausuren nicht nachträglich verändert werden können. Das sind Herausforderungen, die technisch gelöst werden können und müssen.

Das deutsche Schulsystem war bisher auf Präsenz ausgerichtet. Abwesende Schülerinnen und Schüler stellen insofern kein Problem dar, als ihre Abwesenheit einfach registriert wurde und wird. Eltern sind verpflichtet, die Gründe für die Abwesenheit zu nennen und gegebenenfalls nachzuweisen. Während die Lernenden so verpflichtet sind, zur Schule zu gehen (Schulpflicht), sind die Lehrenden ihrerseits keinesfalls verpflichtet, alle Lernenden zu unterrichten. Wer es nicht zur Schule schafft, hat verloren. Dieses Grundkonzept der Präsenz spiegelt sich in den Strukturen und Prozessen des Unterrichts wider. Lehrkräfte haben meist keine vollwertigen Arbeitsplätze in den Schulen, an denen sie ungestört arbeiten können. Ihre Aufgabe ist es primär, in den Klassenzimmern zu unterrichten. Lehrkräfte werden auch nicht darin ausgebildet, mit digitalen Systemen zu arbeiten oder diese sogar selbstständig zu betreuen. Ihre Aufgabe ist die Präsentation des Lehrstoffs im Klassenzimmer. Digitale Geräte können als Hilfe genutzt werden, sind aber keinesfalls Standard oder gar verpflichtend.

Ausgehend von dieser Grundeinstellung des Präsenzunterrichts wurden Konzepte des Distanzunterrichts deshalb in Deutschland nicht forciert bzw. erst gar nicht entwickelt. In Ländern, die Lehre auch über große Distanzen organisieren müssen, sind solche Konzepte entwickelt worden und wurden – teilweise auch schon vor der Existenz des Internets – auch erfolgreich umgesetzt. So existieren in Australien Schulen, die ihre Schülerinnen und Schüler über große Gebiete verstreut unterrichten müssen. Die Anreise zur Schule wäre hier schon zeitlich nicht machbar. Herkömmliche Videokameras waren hier lange das Mittel der Wahl und wurden später durch digitale Lehre ersetzt.

Nun muss der Eindruck vermieden werden, digitaler Unterricht sei per se schon besser als Präsenzunterricht. Das ist nicht das Ziel dieser Diskussion. Jede Zuspitzung sollte hier im Sinne aller am Unterricht Beteiligten dringend vermieden werden. Präsenzunterricht hat seine Stärken und Schwächen, genau wie digitaler Unterricht seine Stärken und Schwächen hat. Es ist auch nicht sinnvoll, unter dem Banner der zeitgemäßen Lehre der Digitalisierung im Unterricht das Wort zu reden. Vieles lässt sich leichter und besser im persönlichen Kontakt zeigen, erklären und verstehen. Digitalisierung kann eben auch nicht alles.

Ebenso wenig macht es Sinn, sich im Schützengraben der deutschen Bildungstradition zu verschanzen. Auch der Präsenzunterricht hat seine Tücken. Wo eine persönliche direkte Beziehung zwischen Lehrenden und Lernenden sehr positiv sein kann, da kann sie auch sehr negativ sein. Nicht alle Lehrkräfte und Schülerinnen und Schüler verstehen sich persönlich. Distanz zur Lehrperson kann auch helfen, Stoff und Lehrperson zu trennen und sich so entspannter dem Unterrichtsgegenstand anzunähern. Wenn Kinder und Jugendliche aber aus gesundheitlichen oder persönlichen Gründen gar nicht am Präsenzunterricht teilnehmen können, verliert der Präsenzunterricht sogar den Zugriff auf die Schülerinnen und Schüler. Geht es um Krankheit von Kindern, kann Digitalunterricht in zwei Szenarien sehr hilfreich sein. Zum einen können Schülerinnen und Schüler mitunter nicht am Unterricht teilnehmen, weil sie physisch nicht mobil sind. Gleichzeitig können sie aber geistig völlig gesund sein. Das kann schon bei einem Beinbruch der Fall sein. Die Möglichkeit, digital am Unterricht teilzunehmen, würde dann helfen, Fehlzeiten zu überbrücken. Zum anderen kann eine Digitalisierung des Unterrichts helfen, den versäumten Stoff dann nachzuholen, wenn die Schülerinnen und Schüler wieder gesund genug sind, um am Unterricht teilzunehmen. Bisher war in beiden Fällen die Unterstützung durch Mitschülerinnen und -schüler der beste Weg. Durch Digitalisierung kann diese Situation erheblich verbessert werden.

Wir müssen also erwägen, unsere Unterrichtskonzepte zu überdenken. Unterricht sollte als Bringschuld angesehen werden. Das Schulsystem fordert von seinen Lernenden die Anwesenheit in der Schule. Umgekehrt sollten aber auch die Lehrenden dazu verpflichtet werden, die Lehre zu den Lernenden zu bringen. Das ist keine Utopie, sondern erscheint nur in Deutschland als solche. Andere Länder haben erfolgreich gezeigt, wie Lernen auf Distanz funktionieren kann. Digitale Konzepte können es so möglich machen, dass Unterricht sich über die Präsenz hinaus öffnet – sowohl für die, die nicht anwesend sein können, als auch für neue Formen des eigenständigen Arbeitens und Lernens. Dass dabei das Alter der Schülerinnen und Schüler sowie ihre Kenntnisse hinsichtlich der Digitalisierung eine wesentliche Rolle spielen müssen, versteht sich von selbst. Aber wir müssen jetzt die Krise des Unterrichts in der Pandemie nutzen, um einen Aufbruch in eine flexiblere und offenere Schule zu wagen. Wir haben viel gelernt, das wir jetzt auf Dauer umsetzen können. Wir wissen, wo die Probleme liegen, und wir können diese jetzt lösen. Schule ist letztlich nicht nur der Ort, an dem Schülerinnen und Schüler lernen, sondern – wie es der amerikanische Historiker, Geograf und Ornithologe Jared Diamond so schön ausgedrückt hat – auch der Ort, an dem Schülerinnen und Schüler sowie Lehrkräfte gemeinsam alte Überzeugungen hinterfragen, um zu neuen Erkenntnissen zu gelangen.

5 INDUSTRIE ODER: DA IST DEUTSCHLAND RICHTIG GUT

Als ich 2002 meine Professur in Stuttgart antrat, lud mich der Leiter des Fraunhofer-Instituts für Produktionstechnik und Automatisierung zu sich ins Institut ein. Er zeigte mir sein Institut und erzählte mir von seinen rund 250 Mitarbeitenden. Die Themen, die ihn beschäftigten, waren Fragen der Produktion und darunter vor allem auch das Thema der Digitalisierung in der Produktion. Eine der Ideen, die schon zu der Zeit im Raum stand, war die digitale Fabrik. Im Vordergrund stand dabei nicht die Vision der menschenleeren Fabrik, in der nur noch Roboter aktiv sind, sondern die Vorstellung einer Fabrik, in der Menschen und Roboter miteinander kooperieren und Potenziale der Digitalisierung genutzt werden, um die Produktivität zu steigern und so Arbeitsplätze in der Produktion zu erhalten. Gerade der Erhalt der Arbeitsplätze war im Industrieland Deutschland von besonderer Bedeutung.

Im Lauf der folgenden Jahre begleitete die Forscher diese Vision in ihrer wissenschaftlichen Arbeit, aber noch viel mehr in den Kooperationen vor allem mit Unternehmen aus dem Raum Stuttgart. Mit einem Versuch, Informatik und Produktionstechnik in einem großen wissenschaftlichen Projekt zu vereinen, scheiterten wir jedoch. Die inoffizielle Rückmeldung aus der zuständigen Forschungsförderorganisation lautete: Das Projekt sei sehr gut bewertet worden, in der Konkurrenz um die Förderung hätten jedoch die Informatik einerseits und die Ingenieurwissenschaft andererseits jeweils Projekte bevorzugt, die nicht interdisziplinär, sondern monodisziplinär gewesen sein. Eine Kooperation von Wissenschaftlerinnen und Wissenschaftlern der Informatik und Ingenieurwissenschaften war zwar grundsätzlich gewünscht, aber dann eben doch weniger beliebt als Projekte, die sich jeweils nur einer der beiden Disziplinen widmeten.

Das war ärgerlich und warf gleichzeitig ein bezeichnendes Licht auf das Verständnis der Digitalisierung in Deutschland. Digitalisierung ist grundsätzlich eine interdisziplinäre Angelegenheit. Computer theoretisch zu untersuchen, ist eine wichtige und wissenschaftlich sehr fruchtbringende Angelegenheit. Aber Digitalisierung bedeutet, Computer in einer anderen Umgebung als der theoretischen Informatik einzusetzen. So wie man die Erkenntnisse der theoretischen Materialforschung wissenschaftlich spannend finden kann, aber jederzeit weiß, dass es die Anwendung der Materialien im praktischen Leben ist, die für die Gesellschaft wichtig ist. Digitalisierung darf deshalb auch in der Wissenschaft nicht nur bei der Frage stehen bleiben, welche schönen Lösungen sich in der theoretischen Untersuchung finden lassen, sondern muss sich auch immer die Frage stellen, welche Probleme mithilfe der Digitalisierung gelöst werden können. In Deutschland hat sich die Informatik aber im Wesentlichen aus der Mathematik entwickelt. Noch heute gibt es Mathematiker, die der Ansicht sind, dass die Informatik hauptsächlich ein Zweig der Mathematik sei. Das hat den Druck auf die Informatik verstärkt, sich als eigenständige Wissenschaft und damit als theoretische Fachdisziplin zu etablieren. Auch wenn seit einiger Zeit die Anwendung auch in der Wissenschaft stärker in den Blick gerückt ist, hängt diese starke Orientierung an der Theorie der Informatik in Deutschland noch immer nach.

Rückschläge, wie die Ablehnung eher praktisch orientierter Forschungsprojekte seitens staatlicher Förderungen, waren irritierend, führten aber nur dazu, andere Möglichkeiten der Zusammenarbeit zu suchen, und diese fanden sich in der Kooperation mit der Industrie. Dies wiederum führte dazu, dass die Aktivitäten noch stärker an der Industrie und ihren Bedürfnissen ausgerichtet wurden. In der Industrie stießen die Ideen – anders als in der Wissenschaft – nicht nur auf Verständnis, sondern sogar auf Enthusiasmus. Die Wirtschaft hatte vielfach verstanden, dass die Digitalisierung nicht nur eine Herausforderung war, sondern vor allem eine Chance. Diese Einsicht beeinflusste nicht nur die Vorstandsetagen, sondern kam auch in der Belegschaft an. Das Versprechen, mit Digitalisierung die Produktivität zu erhöhen, in der internationalen Konkurrenz kostenmäßig wettbewerbsfähig zu bleiben und damit Arbeitsplätze in Deutschland zu sichern, führte dazu, dass Management und Belegschaft gerade in dieser Frage motiviert an einem Strang zogen.

Ein Beispiel für den erfolgreichen Einsatz von Digitalisierung bietet ein Blick auf eine mittelständische Firma. Im Mai 2015 war ich auf einer Reise mit dem Ministerpräsidenten des Landes Baden-Württemberg im Silicon Valley. Ziel der Reise war es, zu sehen, wie das Silicon Valley tickt und wie es die amerikanische Wirtschaft erfolgreich macht. Mit dabei war auch Professor Harald Unkelbach – Mitglied der Geschäftsleitung der Firma Würth. Die Firma Würth ist ein beeindruckendes Unternehmen. Der Unternehmenseigner Professor Reinhold Würth (der mehrere Doktortitel innehat) machte im Lauf von 67 Jahren aus einem Kleinunternehmen einen Weltkonzern. Professor Harald Unkelbach erzählte mir in Kalifornien von seinem Einstieg bei der Firma Würth. Als Mathematiker hatte er sich mit Problemen der Logistik beschäftigt und sehr früh das Potenzial der Digitalisierung erkannt. Die Kombination aus Logistik und Digitalisierung führte ihn zur Firma Würth, in der sein Wissen und Können einen zentralen Beitrag zum Erfolg des Unternehmens leisten konnten. Viel mehr als in den Vorträgen auf der Reise lernte ich also von Professor Unkelbach darüber, wie Digitalisierung ein Unternehmen erfolgreich machen kann. Nebenbei fand ich so auch ein weiteres Beispiel dafür, dass – unbemerkt von der Öffentlichkeit – deutsche Unternehmen im Bereich der Digitalisierung längst eine Führungsrolle spielen und diese nicht unwesentlich zu unserem Wohlstand beiträgt.

Im produzierenden Gewerbe begleiten zwei große Schlagwörter die Digitalisierung. Das eine ist »Internet of Things« (IoT). Das andere nennt sich »Industrie 4.0«.

Hinter dem Begriff des IoT verbirgt sich die Idee, dass jedes Ding eine Verbindung zum Internet haben kann. Jedes Werkstück, jede Maschine, jedes Werkzeug, jedes Gerät, jedes Produkt und alles, was sich in einer Fabrik befindet, kann damit identifiziert, kontrolliert und gesteuert werden. Das verbessert erheblich die Möglichkeit, die gesamte Fabrik zu steuern und damit optimal zu nutzen. Der Einsatz des Internet of Things setzt aber voraus, dass die Fabrik und ihre Betreiber über die Fähigkeit verfügen, dieses Mittel der Digitalisierung zu nutzen. Damit kommen automatisch die Informatik und die Ausbildung der Ingenieure in den Blick. Konsequenterweise fordert und fördert daher auch die Industrie seit Langem die Verankerung der digitalen Lehre an deutschen Universitäten und Hochschulen. So verzahnen sich industrielle Anwendung, Grundlagenforschung und Hochschulausbildung miteinander. Diese enge Kooperation zwischen Forschungseinrichtungen, Bildungseinrichtungen und der Industrie führte schließlich zur Entwicklung eines Konzepts, das unter dem Begriff »Industrie 4.0«

weltweit für Furore sorgt. Die Idee ist geprägt von der Vorstellung, dass die Industrie bisher durch drei Phasen der Entwicklung gegangen ist. In der ersten Phase wurde die Produktion mechanisiert, indem Wasser- und Dampfkraft eingesetzt wurden und diese die Muskelkraft ersetzten. Die zweite Phase der Entwicklung war geprägt vom Einsatz des Fließbands und der elektrischen Energie. So wurde Massenfertigung möglich. Die dritte Revolution war geprägt von ersten Ansätzen der Informationstechnologie in der Produktion, die vor allem im Einsatz von computergesteuerten Fertigungsmaschinen zum Ausdruck kam. Die vierte industrielle Revolution soll den Übergang zu einer durchgreifenden Digitalisierung aller Prozesse in einer Fabrik realisieren.

Dabei spielt eine Reihe von Aspekten eine wesentliche Rolle: Zunächst erlaubt die Digitalisierung, eine Fabrik virtuell zu planen und ihren Betrieb vorab durchzuspielen und zu optimieren. Dieses Konzept eines digitalen Zwillings, der nur im Computer existiert, war im Produktbereich schon länger im Einsatz. Vor allem in der Automobilindustrie sprach man schon in den 90er-Jahren vom »virtuellen Fahrzeug«, anhand dessen man Tests durchführen konnte, ohne jemals ein echtes Fahrzeug gebaut zu haben.

Über die vorausschauende Planung hinaus kann die Fabrik der Zukunft aber auch digital überwacht und gesteuert werden. Dabei zielt die Überwachung nicht auf die arbeitenden Personen, sondern auf die arbeitenden Maschinen, die Bauteile, den Materialfluss und die Zulieferketten. Durch die Digitalisierung soll die Fabrik der Zukunft selbst erkennen, wo Maschinenwartungen notwendig sind, wo Abläufe optimiert werden können, wo Qualitätsprobleme in der Fertigung auftreten, wie die Zuführung von Material und Bauteilen optimiert werden muss, und vieles mehr. In Kombination mit dem 3-D-Druck sollen Fabriken der Zukunft darüber hinaus in der Lage sein, von der Massenfertigung wegzugehen und individualisierte Produkte nach Kundenwünschen herzustellen. Die Vision besteht darin, dass Kundinnen und Kunden ihr Produkt im Web konfigurieren, den so präzisierten Wunsch an die Fabrik schicken und diese ihn auf Anforderung unmittelbar – wie von den Kundinnen und Kunden bestellt – umsetzt.

Neben dieser produktionsseitigen Vorreiterrolle kann sich auch die deutsche IT-Industrie sehen lassen. SAP ist das deutsche Unternehmen mit der höchsten Marktkapitalisierung von rund 115 Milliarden Euro. Rund 105.000 Mitarbeiterinnen und Mitarbeiter haben 2020 einen Umsatz von rund 27 Milliarden Euro erwirtschaftet, damit ist SAP, gemessen am Umsatz, das größte Softwareunternehmen außerhalb der USA. SAP wurde 1972 von 5 Mitarbeitern der IBM gegründet, die von ihrem Softwareprojekt überzeugt waren und die SAP bis heute zum drittgrößten Aktienunternehmen weltweit in der Softwarebranche ausgebaut haben. SAP ist das in der deutschen Öffentlichkeit bekannteste Unternehmen der IT-Branche. Daneben gibt es aber eine Reihe weiterer erfolgreicher deutscher Unternehmen wie die T-Systems – eine Tochter der deutschen Telekom – oder ATOS, ein Unternehmen dessen größter Anteilseigner Ende 2021 Siemens war. Die etwa 1900 Unternehmen, die im Branchenverband der deutschen Informations- und Telekommunikationsbranche (Bitkom) organisiert sind, beschäftigen rund 2 Millionen Menschen in Deutschland. Das entspricht in etwa 7 Prozent aller in Deutschland Beschäftigten. Zusammen erwirtschaften die Unternehmen einen Jahresumsatz von rund 190 Milliarden Euro. Laut dem Informationsportal statista.de erwirtschaftete der Bereich »Information und Kommunikation« 2021 rund 5 Prozent der Bruttowertschöpfung Deutschlands. Der Beitrag zum wirtschaftlichen Erfolg ist also erheblich. Dass dabei nicht nur Großunternehmen wie SAP und Siemens den Ton angeben, zeigt der Bitkom-Mittelstandsbericht aus dem Jahr 2018. Rund 10.000 mittelständische Unternehmen erwirtschafteten 2018 mit ihren rund 450.000 Mitarbeiterinnen und Mitarbeitern rund 68 Milliarden Euro Umsatz. Die Digitalisierung ist also in der Breite der Wirtschaft angekommen.

Deutschland wird aber auch als guter Platz für Unternehmen wahrgenommen, die ihren Sitz im Ausland haben. Das liegt daran, dass die deutsche Wirtschaft in der Informationstechnologie seit Langem eine Vorreiterrolle gespielt hat. Schon 1910 wurde die Deutsche Hollerith-Maschinen Gesellschaft (DEHOMAG) gegründet, die sich auf Lochkartenmaschinen zur automatischen Auswertung von Daten spezialisiert hatte. Mit Konrad Zuse (1910–1995) stellte Deutschland einen der wichtigsten Entwickler erster Computer. Mit seiner Maschine Z3 baute er bereits 1941 den ersten funktionstüchtigen Computer der Welt, der Technologiekonzepte enthielt, die noch heute von modernen Computern genutzt werden.

Die DEHOMAG wurde 1922 von IBM übernommen und besteht heute noch in der IBM Deutschland fort. In Böblingen bei Stuttgart und an weiteren Standorten in Deutschland betreibt heute die IBM Deutschland Research & Development eines der größten Entwicklungszentren für IT in Europa. Unter anderem steht auch einer der ersten Quantencomputer in Deutschland bei der IBM und wird von Forschenden aus Universitäten, Forschungseinrichtungen und Industrie genutzt, um Quantencomputer besser zu verstehen, aber auch um neue Methoden im Quantencomputing zu entwickeln. Quantencomputer arbeiten nicht wie klassische Computer mit Elementen, die nur den Zustand 1 oder 0 annehmen können. Ihre Grundbausteine (die man »Qbits« nennt) können gleichzeitig jeden Zustand zwischen 0 und 1 annehmen. Nutzt man diese Eigenschaft richtig, können eine Reihe von Problemen, wie maschinelles Lernen oder die Suche nach einem Element in einer großen Menge von Daten, erheblich schneller ausgeführt werden als mit herkömmlichen Computern. Fachleute sind überzeugt, dass Quantencomputer in Zukunft bei einer Reihe von Herausforderungen die Leistung aktueller Computer deutlich übertreffen werden. Große Hoffnung wird vor allem in die Fähigkeit von Quantencomputern gesetzt, Daten so zu verschlüsseln, dass sie absolut sicher übertragen werden.

Konrad Zuse war dagegen mit seinen Computern ein typisch deutsches Schicksal beschieden: Obwohl er den ersten funktionsfähigen Computer gebaut hatte, galten lange Amerikaner als Erfinder und Entwickler des Computers. Zuses Versuch, 1952 sein Konzept der Z3 patentieren zu lassen, scheiterte am Einspruch der Konkurrenz schließlich 1967 mit der Begründung der »mangelnden Erfindungshöhe« – ein Ausdruck der Geringschätzung der Arbeiten Zuses. Immerhin war Zuse mit seiner Firma Zuse KG erfolgreich, in der er bis 1967 Computer baute, bevor die Zuse KG dann an Siemens verkauft wurde. 1984 wurde schließlich das Konrad-Zuse-Zentrum für Informationstechnik Berlin (ZIB) nach ihm benannt, und seit einigen Jahren wird Zuse auch in Deutschland als Computer-Pionier gewürdigt.

Informationstechnologie und Digitalisierung liegen also in der industriellen DNA Deutschlands. Sie können auf eine lange Geschichte zurückblicken und liefern heute wertvolle Beiträge für Wirtschaft und Gesellschaft. Eine Erfolgsgeschichte der Digitalisierung in Deutschland. Auch wenn die aktuelle Entwicklung zeigt, welche Probleme die Lieferketten in der Digitalindustrie für die deutsche Wirtschaft verursachen können – denken wir nur an die Produktionsprobleme in der Automobilindustrie –, zeigt uns die industrielle Nutzung der Digitalisierung doch deutlich, wie man moderne Technologie mit traditionellen deutschen Konzepten verbinden kann.

Als Teil dieser Erfolgsgeschichte ist rund 20 Jahre nach meinem Antrittsbesuch das Fraunhofer-Institut für Produktionstechnik und Automatisierung auf rund 900 Mitarbeitende am Standort Stuttgart angewachsen und baut neue Bürogebäude, um das weitere Wachstum bewältigen und erfolgreich gestalten zu können. 2016 wurde auf dem Gelände der Universität Stuttgart ein Forschungscampus ARENA2036 errichtet. ARENA steht dabei für Active Research Environment for the Next Generation of Automobiles. Dieser Forschungscampus soll die Fabrik der Zukunft vorwegnehmen und will zum 150. Geburtstag des Automobils im Jahr 2036»eine wandlungsfähige Produktion der Zukunft für intelligenten, funktionsintegrierten, multimaterialen Leichtbau« realisieren.

Solche engen Kooperationen zwischen Forschung und Industrie zum Transfer aktueller Forschungsergebnisse aus der Digitalisierung in die Industrie sind eine der Stärken Deutschlands im internationalen Vergleich. An der RWTH Aachen arbeitet das»Internet of Construction« daran, die Digitalisierung in die Bauindustrie zu tragen. In Sachsen arbeiten Firmen und Hochschulen im Netzwerk »Silicon Saxony« an digitalen Themen und daran, Digitalisierung in die Unternehmen zu tragen. In den üblichen Statistiken werden solche zentralen Kooperationen zwischen Industrie und Forschung kaum sichtbar, da diese nur messbare Größen wie Firmenausgründungen oder Patente erfassen. Der kontinuierliche qualitativ hochwertige Transfer von Wissen aus der Forschung in die Industrie entzieht sich aber oft der quantitativen Analyse, bei der nur gezählt wird, was auch gezählt werden kann.

Auf einigen Gebieten der Digitalisierung wie Industrie 4.0 und des Internet of Things spielen deutsche Firmen weltweit eine wichtige Rolle oder sind sogar Vorreiter. Viele deutsche Unternehmen verstehen, welche Potenziale in der Digitalisierung stecken und welche Risiken sich für die deutsche Wirtschaft ergeben, wenn konkurrierende Unternehmen das volle Potenzial der Digitalisierung im internationalen Wettbewerb nutzen können.

In den Firmen tritt daher langsam, aber sicher ein Umdenken ein. Die deutsche Automobilindustrie ist dafür ein gutes Beispiel. Der Abstand von benachbarten Bauteilen eines Fahrzeugs – in der Fachsprache »Spaltmaß« genannt – ist weiterhin ein wichtiges Kriterium für ein Premiumfahrzeug. Präzises mechanisches Arbeiten in der Konstruktion, Fertigung und Montage von Bauteilen wird also auch in Zukunft wichtig sein. Aber immer wichtiger werden auch digitale Prozesse und Möglichkeiten in der Entwicklung, der Produktion, der Wartung und im Fahrzeug selbst. Diese zu nutzen, entscheidet zukünftig weit mehr über den wirtschaftlichen Erfolg als das äußere Erscheinungsbild eines Fahrzeugs.

Darüber hinaus ist Digitalisierung im Fahrzeug auch die Grundlage dafür, moderne Mobilitätskonzepte zu realisieren, wie sie die Klimawende unabdingbar notwendig macht. Autonomes Fahren macht es möglich, eine optimale Verkehrsplanung umzusetzen. Autonome Fahrzeuge können über ein Verkehrsleitsystem so gesteuert werden, dass Staus weitgehend vermieden werden können. Darüber hinaus haben autonome Fahrzeuge den Vorteil, dass das Fahrzeug jederzeit das optimale Tempo fahren kann. Digitalisierung ist darüber hinaus die Grundlage dafür, neue Formen der Mobilität wie autonomes Fahren und eine Wirtschaft des Teilens (Car Sharing) so umzusetzen, dass die Klimaziele erreicht werden können, ohne dass Qualität und Zuverlässigkeit darunter leiden.

Deutschland zeigt in der Wirtschaft, wie schnell und effizient Digitalisierung verstanden, beherrscht und zum eigenen Nutzen umgesetzt werden kann. Die Wirtschaft übernimmt damit eine Vorreiterrolle auf einem Gebiet, das für Deutschland nicht nur im internationalen wirtschaftlichen Wettbewerb von zentraler Bedeutung ist. Wir können Digitalisierung, wenn wir wollen. Wir können in der Digitalisierung ebenso erfolgreich weltweit konkurrieren, wie wir es als Exportland so lange im Maschinenbau und in der chemischen und pharmazeutischen Industrie in der zweiten Hälfte des 20. Jahrhunderts gezeigt haben. Mit dem richtigen Einsatz der Digitalisierung in unserer Wirtschaft und darüber hinaus, kann Deutschland auch die erste Hälfte des 21. Jahrhunderts wirtschaftlich erfolgreich gestalten.

6 DATENSCHUTZ UND RECHT

Bevor wir uns diesem heißen Eisen nähern, muss eine Bemerkung vorausgeschickt werden. Datenschutz und das Recht in der Digitalisierung gehören zu den schwierigsten Fragen der Digitalisierung. Sie polarisieren auch am meisten, sodass das Folgende der Versuch ist, eine nüchterne Betrachtung der relevanten Aspekte durchzuführen – jenseits des vereinfachenden Wahlslogans der FDP aus dem Jahr 2017 »Digital first, Bedenken second«. Wenn man sich dem Thema nähert, so muss die Devise stattdessen lauten: Risiken und Chancen erkennen, Hoffnung und Bedenken im Gleichgewicht halten.

Datenschutz

Woran sich die Debatte über die Thematik des Datenschutzes entzündet, sei an zwei Beispielen kurz gezeigt.

Als ich beschloss, zu heiraten, war mir bewusst, dass das auch bürokratisch nicht ganz einfach sein würde. Da meine Frau und ich aus zwei verschiedenen Staaten stammen – Österreich und Volksrepublik China –, war allein schon die Beschaffung der notwendigen Dokumente eine spannende Hürde. Als das erfolgreich erledigt war, wurde es noch mal schwierig, denn wir mussten nachweisen, in Stuttgart gemeldet zu sein. Ich müsse – so die Mitarbeiterin des Standesamtes – eine Meldebestätigung für mich und meine Frau beibringen. Auf meine Frage, ob denn nicht die Stadt Stuttgart ohnehin wisse, dass wir in Stuttgart gemeldet seien, erhielt ich die Auskunft, dass das Standesamt zwar zur Stadt Stuttgart gehöre, jedoch nicht das Recht habe, auf meine Meldedaten zuzugreifen.

Die Lösung des Problems war glücklicherweise einfach. Im selben Gebäude – einen Stock höher – konnte ich eine Meldebestätigung beantragen. Nach Vorlage unserer Reisepässe gab die zuständige Mitarbeiterin unsere Daten ins Computersystem ein. Eine Meldebestätigung wurde ausgedruckt. Diese brachte ich wieder ein Stockwerk tiefer ins Standesamt. Dort wurde die Bestätigung erfreut entgegengenommen, und umgehend wurden die Daten in den Computer eingetippt. So konnte das Standesamt also die so sensible Information – unsere Meldeadresse – der digitalen Information über unsere Heirat hinzufügen. Dem Datenschutz war Genüge getan – und so nebenher wurde eine Gebühr für das Ausdrucken des völlig überflüssigen Ausdrucks fällig.

Was eigentlich zur Vereinfachung von Verwaltungsvorgängen für Kundinnen und Kunden führen sollte – der Zugriff der Behörde auf die Personendaten –, erweist sich als kleiner Hürdenlauf, basierend auf der Annahme, dass Standesbeamte womöglich mit der Information darüber, wo ich wohne, Schindluder treiben. Ist das wirklich notwendig? Dazu kommt, dass völlig unnötig ein Ausdruck der Daten erfolgen muss – also Papier und Druckermaterial verbraucht wird, ohne Mehrwert.

Ein Blick in die Vergangenheit macht deutlich, wie einfach vor rund 120 Jahren die gleiche Sache sein konnte. Am 21. August 1899 traten mein Urgroßvater und meine Urgroßmutter vor den Traualtar. Der Pfarrer der kleinen Gemeinde trug Name, Geburtsdatum,

Alter, Adresse sowie die Herkunft der beiden in sein Trauungsbuch ein. Einzig die Trauungszeremonie dürfte länger gedauert haben als unsere eigene. Aber auch der Datenschutz war im Jahr 1899 sehr viel einfacher. Der Eintrag ins Trauungsbuch war per se schon vertraulich, denn Zugang dazu hatte nur der Pfarrer bzw. Personen, denen der Pfarrer jeweils vertraute. Der Eintrag war aber auch notwendig, um die Ehe zu dokumentieren. Österreich hatte zwar schon 1868 die Zivilehe eingeführt, aber im katholischen Dorf wäre eine Ehe ohne kirchliche Trauung wohl kaum akzeptiert worden. Die persönlichen Daten waren also zwar vertraulich im Trauungsbuch eingetragen, aber sie waren gleichzeitig in der beschränkten Öffentlichkeit eines Dorfes am Ende des 19. Jahrhunderts bekannt, und sie sollten bekannt sein. Erst rund 120 Jahre später wurde das Trauungsbuch übrigens digitalisiert. Jetzt schützt nur noch die unleserliche Kurrentschrift des Pfarrers den »Moosbauern« und seine zweite Frau vor einem Blick jeder beliebigen Person in ihre Daten.

Das zweite Beispiel stammt aus den USA. Kurz nach dem 11. September 2001 trat ich in Houston eine Stelle als Assistant Professor an der University of Houston an. Das Land war vom Terroranschlag noch traumatisiert, die Sicherheitsvorkehrungen waren hoch, und in den Medien wurden Maßnahmen gegen den Terrorismus diskutiert. Eine Diskussion war dabei kurz und erhellend für das Verständnis von Bürgerinnen und Bürgern und Staat in den USA: Irgendjemand hatte vorgeschlagen, in den USA ein Meldegesetz und eine Ausweispflicht einzuführen wie in Europa. Beide Dinge sind in Westeuropa tatsächlich seit Längerem relativ normal. In Deutschland regelt die Meldepflicht das Bundesmeldegesetz (BMG). Es schreibt vor, dass wer eine Wohnung bezieht, sich innerhalb von zwei Wochen bei der zuständigen Behörde anzumelden hat. Bei Zuwiderhandlung droht ein Bußgeld von bis zu

1.000 Euro. Für die Ausweispflicht gibt es das Personalausweisgesetz (PAuswG), nach dem alle deutschen Staatsbürgerinnen und -bürger ab dem 16. Lebensjahr einen Ausweis besitzen und diesen auf Verlangen einer dazu berechtigten Behörde auch vorlegen müssen. Wer keinen Ausweis besitzt, kann mit Bußgeld bis zu 3.000 Euro belegt werden. Für Personen aus dem Ausland gelten vergleichbare bzw. strengere Regelungen. Was für uns aber längst Routine geworden ist und keine Debatten über Datenschutz mehr auslöst, führte in den USA zu einer heftigen, aber auch sehr kurzen Diskussion. Beide Ideen wurden umgehend wieder beerdigt, waren die US-Amerikanerinnen und -Amerikaner doch der Ansicht, dass beides einen absolut unzulässigen Eingriff in ihre Freiheitsrechte darstellte.

Der Schutz von Daten ist also keine Idee, die länderübergreifend zu denselben Ergebnissen führen muss. Kolleginnen und Kollegen aus der Soziologie zum Beispiel greifen in den USA und in China – also in zwei politisch doch recht verschiedenen Systemen – für ihre Forschungen umstandslos auf die Bewegungsdaten privater Handys zu. Hilfreich kann das für Behörden bei Verkehrssimulationen oder – in der Zwischenzeit weit populärer – in einer Pandemie sein.

China kennt anders als Deutschland oder andere westeuropäische Länder auch das Prinzip des Standesamtes nicht. Standesbücher (Hukou) müssen dort von den Haushalten selbst geführt werden. Die Kontrolle über die Standesführung liegt damit in privaten Händen und nicht direkt beim Staat. Ein Meldegesetz dagegen gibt es, sodass Personen aus dem Ausland verpflichtet sind, sich an ihrem Aufenthaltsort zu melden.

Die Tatsache, dass die Verwaltung von persönlichen Daten in unterschiedlichen Ländern jeweils unterschiedlich gehandhabt wird, gibt zu denken. Ganz offensichtlich liegt die Ursache dafür nicht im politischen System. Die amerikanische Demokratie ist bei Meldedaten viel zurückhaltender als die deutsche Demokratie. Das Einparteiensystem in China wiederum erfasst die Meldedaten seiner Bürgerinnen und Bürger nicht einfach zentral in Standesämtern, wie das die Demokratie in Deutschland tut, sondern überlässt diese Aufgabe ihren Bürgerinnen und Bürgern.

Nun gibt es Kritiker, die meinen, dass Deutschland schon jetzt zu viele Daten seiner Bürgerinnen und Bürger erfasse und speichere. Tatsächlich macht ein Blick auf die aktuellen chinesischen Pläne den Vergleich zu Deutschland interessant. In China soll ein Register zur Erfassung von Verkehrssündern angelegt werden. Deutschland kennt das als »Flensburg« oder korrekter »Fahreignungsregister«, in welchem Informationen über Personen auf der Basis eines Fahreignungs-Bewertungssystems gespeichert werden – eine staatliche Einrichtung. Darüber hinaus soll in China die Zahlungsmoral von chinesischen Kreditnehmerinnen und -nehmern erfasst werden. In Deutschland übernahm diese Aufgabe beginnend ab 1927 die Schutzgemeinschaft für allgemeine Kreditsicherung AG (SCHUFA), eine privatwirtschaftliche Wirtschaftsauskunftei bzw. ihre Vorgänger.

Die beiden Beispiele machen sofort klar, wo die Probleme des Datenschutzes liegen, und welche Risiken drohen, wenn staatliche Stellen Informationen über ihre Bürgerinnen und Bürger digital – und damit schnell und ohne Hindernisse – miteinander verbinden können. Ein Verkehrssünderregister ist zunächst wenig problematisch. Im Wesentlichen ersetzt es eine polizeiliche Papierakte. Auch eine Kreditauskunft ist zunächst unbedenklich. Banken merken sich, wie Kredite bedient wurden, und leiten daraus ab, ob und in welcher Höhe sie in Zukunft Kredite vergeben wollen. Kombiniert man die Information aber miteinander und nimmt sie als Grundlage für staatliche Entscheidungen (Gewährung eines Reisepasses, Zugang von Kindern zu sehr guten Schulen ...) wird aus einer einfachen Datensammlung ein rigides Disziplinierungsinstrument.

Aber deutlich wird an diesen Beispielen auch, woher die sehr unterschiedlichen Ansätze im Datenschutz in unterschiedlichen Ländern stammen. Die Grundlagen der bisherigen Regelungen haben sich nämlich, wie man sieht, im Lauf der Zeit erst entwickelt und sich den Bedürfnissen der Gesellschaft und des Staates angepasst. Sie sind im Wesentlichen Gewohnheit geworden und spiegeln vor allem die wirtschaftlichen und politischen Notwendigkeiten oder Wünsche der handelnden Personen wider.

Die deutsche SCHUFA entstand aus der Notwendigkeit, die Kreditwürdigkeit von wirtschaftlichen Akteuren vorab prüfen zu können. Mit der Ausweitung von Krediten auf den privaten Bereich (Ratenzahlung bei Elektrogeräten in Berlin) wurde es notwendig, zu überprüfen, ob die Kundinnen und Kunden denn überhaupt zahlungsfähig waren, den Kredit also würden bedienen können. In den USA – die sonst sehr zurückhaltend sind bei der Speicherung privater Daten – wird aber die Kreditwürdigkeit noch schärfer geprüft als in Deutschland. Durch das mangelnde Meldegesetz ist die Verfolgung eines säumigen Schuldners beinahe unmöglich, wenn dieser den Wohnort wechselt und – was in den USA nicht allzu schwer ist – auch seinen Namen. In den USA wird daher die *credit history* (Kreditvorgeschichte) einer Kundin oder eines Kunden sehr streng geprüft. Problematisch ist das für Jugendliche und Ausländerinnen und Ausländer. Ein französischer Kollege in Houston, der einen Kredit zum Kauf eines Autos aufnehmen wollte, scheiterte zunächst damit, da seine Kreditvorgeschichte aus Frankreich nicht relevant – weil ausländisch und nicht zugänglich – war, und weil er als frisch eingewanderter Wissenschaftler in den USA noch nie zuvor einen Kredit aufgenommen hatte. Die Lösung war so erheiternd wie banal. Nachdem er bei der Bank 3.000 Dollar hinterlegt hatte, wurde ihm ein Kredit von 3.000 Dollar für einen Tag gewährt. Diesen tilgte er am nächsten Tag. Ab da hatte er eine *credit history* in den USA. Das Gleiche müssen Jugendliche beim Start in die *credit history* machen, wobei dann typischerweise die Eltern das Geld zur Absicherung zur Verfügung stellen.

Eine ähnliche Entwicklung zeichnet sich in China ab. In einem Land, in dem bisher vor allem Kredite in der weitverzweigten Verwandtschaft aufgenommen wurden, werden zunehmend Banken zu Kreditgebern an private Kundinnen und Kunden. Das Konzept der Familienkredite wird zum Auslaufmodell. Einerseits hat die Ein-Kind-Politik die Familiengrößen reduziert, und andererseits übersteigen die rasant steigenden Immobilienpreise die Leistungsfähigkeit der durchschnittlichen Verwandtschaft. Daher müssen nun eben die Kreditnehmer auf ihre Zahlungsfähigkeit und Zuverlässigkeit hin geprüft werden, und dafür muss eine zentrale Stelle eingerichtet werden.

Regeln über das Sammeln und Nutzen von Daten entwickeln sich also im Lauf der Zeit, und sie unterliegen damit Wünschen, Ängsten, Notwendigkeiten, Zwängen und Missverständnissen. Auch in Deutschland haben sich diese Regeln zum Schutz der Daten im Lauf der Zeit entwickelt, wie wir etwa bei der SCHUFA sehen konnten. Diese Dynamik des Datenschutzes müssen wir in einer Diskussion über das Thema berücksichtigen.

Daneben wird aber auch deutlich, dass die Frage nach »privat« und »öffentlich« in China zwar eine vom Staat geregelte Angelegenheit ist, aber in einer Demokratie immer eine Sache der Aushandlung zwischen Regierungen und Bürgerinnen und Bürgern war und noch immer ist. Die Angabe zur Religionszugehörigkeit wurde im

Volkszensus 2011 kritisiert. Schon diese Kritik war das Ergebnis einer langen Debatte, die mit der Volkszählung 1983 begann. Insbesondere das Recht auf informationelle Selbstbestimmung stand dabei im Vordergrund und hat die Diskussion bis heute bestimmt. Im nächsten Zensus – der wegen der Pandemie auf 2022 verschoben wurde – wird die Zugehörigkeit zu einer Religionsgemeinschaft nicht mehr abgefragt. Das ist das Ergebnis einer Diskussion zwischen Bürgerschaft und Staat, die sehr intensiv war. Diese Diskussionen wiederum haben dazu geführt, dass ein Stück Datenschutz neu definiert wurde. Daraus werden neue Probleme und Diskussionen entstehen. Frankreich hat Staat und Kirche vor mehr als 100 Jahren getrennt. Heute weiß niemand mehr, wie viele Angehörige der verschiedenen Religionen es in Frankreich gibt. Mit dem Verzicht auf die Speicherung dieser Information geht dieses Wissen eben verloren.

Dass die Menschen ihre Privatsphäre immer mit dem Staat bzw. auch untereinander ausgehandelt haben, ändert sich jetzt aber auf eine radikale Weise. Die Digitalisierung macht heute viele Dinge möglich, die bisher rein technisch erheblich schwieriger waren. Nicht nur dass private Informationen über soziale Medien heute für jede und jeden jederzeit und überall zugänglich sind, ist eine neue Herausforderung. Die erste Welle von Facebook-Accounts hat zwar Milliarden weltweit erfasst und zu einer nie dagewesenen öffentlichen Sammlung privater Daten geführt. Darüber hinaus ist aber vor allem die beliebige Verknüpfung der Daten zu einem Problem geworden. Facebook mag meine Freizeitgewohnheiten kennen und meine Urlaubsziele – so wie meine Arbeitskolleginnen und -kollegen. Amazon mag meine Einkaufsgewohnheiten kennen und meine Geschenkwünsche – so wie früher mein bevorzugter Buchhändler. Aber Kolleginnen und Kollegen und Buchhändler sahen nur Ausschnitte meines Lebens. Durch die Digitalisierung können diese Daten nun miteinander verbunden werden. Nimmt man alle digitalen Daten einer Person, entsteht der so gefürchtete »gläserne Mensch«. Aus den Handydaten lassen sich Bewegungsprofile erstellen, aus Steuerdaten das Einkommen, aus den Internetkäufen die Vorlieben und so weiter. All das ist mit der Digitalisierung möglich – und es wird auch gemacht. Wir müssen also den Schutz unserer Privatsphäre neu definieren. Praktisch heißt das, dass wir auch unsere Privatsphäre neu definieren müssen.

Die Datenschutz-Grundverordnung (DSGVO) war ein erster Versuch, dieser digitalen Durchleuchtung von Menschen entgegenzuwirken. Sie hat erhebliche Diskussionen ausgelöst und in Vereinen und kleinen Firmen Irritation und Unverständnis hervorgerufen. Was – so war die große Frage – darf ich noch wissen und speichern? Die Stadt Wien diskutierte sogar das Entfernen von Namensschildern an Wohnungstüren bzw. Haustüren von Gemeindewohnungen, weil zunächst unklar schien, ob die Information über die Bewohnerinnen und Bewohner weiterhin so öffentlich gemacht werden durfte. Was auf Dauer in der digitalen Welt geblieben ist, sind die Warnungen, die beim ersten Aufruf einer Webseite aufpoppen. Meist wird dort darüber informiert, dass »Cookies« verwendet werden und dass es eine Datenschutzerklärung für diese Seite gebe, die die Nutzerinnen und Nutzer gerne lesen können.

Das ist in der Theorie sehr hilfreich, aber in der Praxis längst nur ein Standardklick mehr, mit dem die genervten Nutzerinnen und Nutzer alles wegklicken, was sie auf dem Weg zum Inhalt stört. Kaum jemand weiß, was ein Cookie ist und wie es arbeitet. Es sind vereinfacht gesagt einfache Programme, die bei der Nutzung einer Webpage auf dem Rechner der Nutzerinnen und Nutzer beginnen, Daten zu sammeln. Sehr einfach gesagt: Cookies sind dazu da, um Sie auszuspähen.

Einiges von dem, was Cookies machen, kann sehr hilfreich sein. Cookies merken sich Ihre Eingaben, sodass Sie beim nächsten Mal schon ein fertig ausgefülltes Formular vorfinden können. Das ist praktisch, wenn man bei seinem Onlinehändler regelmäßig das Gleiche bestellt – zum Beispiel bei Lebensmitteln. Cookies merken sich auch, was Sie bei Amazon bisher schon in den Einkaufswagen gelegt haben. Beim Gang zur virtuellen Kasse liegt dann der Einkaufswagen schon vor.

Aber Cookies können und machen auch noch mehr. Sie durchsuchen und speichern die Daten auf Ihrem Rechner, denn grundsätzlich ist das möglich. Wie Cookies wirken, kann man aber auch mit kleinen Experimenten untersuchen. Dafür geht man auf eine beliebige Webseite einer Firma, die Konsumgüter anbietet. Man kann das etwa mit Fahrrädern ausprobieren. Oder man sucht bei Amazon nach einem Fahrrad. Binnen kürzester Zeit landen dann in der Mailbox Werbe-E-Mails zu Fahrrädern. Das Spiel kann man mit beinahe allen Webseiten spielen. Im Lauf des Lebens entsteht so eine Sammlung von Daten über die Menschen, die im Grunde alles enthält, was diese Menschen im Internet betrachtet – also nicht einmal gekauft – haben. Diese Information wird aktuell vor allem für Werbung genutzt. So bekommt die Leserschaft beim Lesen der Zeitung Werbung eingespielt, die ihrem Profil entspricht.

Wer das nicht möchte, muss explizit versuchen, Cookies zu verbieten. Nun sind einige davon, wie oben beschrieben, recht nützlich. Ein völliger Verzicht auf Cookies ist zwar die einfachste und sicherste Lösung, aber nicht unbedingt die beste. Mit der Vorgabe durch die DSGVO, dass der Hinweis auf Cookies erscheinen muss und dass man der Verwendung von Cookies explizit zustimmen muss, ist allerdings auch keine praktikable Lösung erreicht worden.

Aber das ist nun ein Problem des Verhandelns darüber, was öffentlich und was nicht öffentlich sein soll und wie die beiden Bereiche gehandhabt werden sollen. So eine Debatte setzt voraus, dass die Bürgerinnen und Bürger wissen, worüber sie diskutieren sollen und müssen. Mangels digitaler Bildung ist so eine Diskussion aber derzeit kaum möglich. So bleibt es bei der unbefriedigenden Situation, dass mit einem einzigen Hinweis auf Cookies und einem einzigen Mausklick Unternehmen praktisch freie Bahn bei der Ausspähung ihrer aktuellen oder auch nur potenziellen Kundinnen und Kunden haben. Ein sehr unbefriedigender Zustand.

Auf der anderen Seite macht Datenschutz viele Dinge, die sich die Kundschaft von Behörden durchaus wünschen würde und die durch die Digitalisierung jetzt möglich sind, schwer oder sogar unmöglich. Dabei stoßen wir auf zwei Phänomene.

Zum einen war bisher vieles durch Datenschutz geschützt, was den Betroffenen gar nicht bekannt war. Da in der analogen Welt Daten relativ schwer ausgetauscht werden können – jedenfalls im Vergleich zur digitalen Welt –, wurden viele Daten nie oder nur selten transferiert, und viele Fragen, die uns heute beschäftigen, haben sich früher einfach nicht gestellt. Wer hätte sich schon vorstellen können, dass alle Meldedaten, alle Verkehrssünderdaten, alle Steuerdaten und alle SCHUFA-Daten je an einem Ort miteinander verknüpft werden könnten? Insbesondere wenn Behörden untereinander Daten austauschten, wurde der Mangel an Kommunikation teilweise sogar bewusst genutzt, um Prozesse zu verzögern. In Österreich gehört es längst zur Routine, Akten, die parlamentarischen Untersuchungsausschüssen vorliegen, in Papierform abzuliefern, aber alle »datenschutzrechtlich relevanten Angaben« dabei zu schwärzen. Was in Agentenfilmen mitunter als Gag genutzt wird, um zu zeigen, wie das System die Ermittler ausbremst, existiert also auch in der Realität.

Im Gegensatz dazu entwickelt die digitale Welt ihre eigene Dynamik, weil Daten beliebig schnell und beliebig oft vervielfältigt werden können und weil alles, was im Internet existiert, grundsätzlich für alle sichtbar ist. Diese neue Dynamik sieht man am Beispiel des Steuersünderportals des Landes Baden-Württemberg. 2021 stellte der Finanzminister des Landes das neue Portal der Presse vor. Zunächst war diese Meldung nur lokal von Relevanz, wurde aber – digital – rasend schnell in Deutschland verbreitet und löste umgehend heftigste Rektionen aus. Das Finanzministerium verwies darauf, dass man ohnehin nur einen bestehenden Service – anonyme Anzeige bei Verdacht auf Steuerhinterziehung – digitalisiert habe. Man habe also nur einen Service erleichtert, aber keinesfalls neu geschaffen. Kritiker sahen jedoch in der Möglichkeit, Steuerhinterziehung anonym über ein Portal im Internet zu melden, das Entstehen eines Spitzelunwesens. Der baden-württembergische FDP-Landesvorsitzende Theurer sprach nach Angaben des SWR sogar von »einer völlig neuen Dimension des Denunziantentums«.

Was war da passiert? Aus der Sicht des Finanzministeriums wurde aus der Möglichkeit, einen Brief zu schreiben, nur die elektronische Version der anonymen Anzeige erstellt. Ein bisher analoger Prozess wurde vereinfacht und beschleunigt. Dabei war das Ziel vor allem, die Arbeit für die Behörde zu erleichtern. Aus der Sicht der Kritiker aber geschah etwas anderes: Mit der Einrichtung des Portals wurde die Hemmschwelle für eine anonyme Anzeige gesenkt. Das war möglicherweise durchaus auch die Intention des Finanzministeriums. Allerdings waren sich Kritiker und Finanzministerium darüber uneinig, wie tief diese Schwelle nun gesenkt worden war. Während das Finanzministerium nach eigenen Angaben weiterhin nur auf substanzielle Fälle und große Fische hoffte, gingen die Kenner des Internets davon aus, dass ein solches Angebot im Internet durchaus auch ähnliche Effekte auslösen kann wie die Diskussionsportale deutscher Zeitungen. Auch dort werden durchaus sinnvolle Diskussionen geführt. Zusätzlich gibt es aber alle Arten von Teilnehmenden, deren Ziele nicht ganz der Intention der Zeitungen entsprechen. Von radikalen Spinnern über nervige Trolle bis zu den Stimmungsmacherbrigaden in Diensten ausländischer Regierungen ist alles zu finden. Gerät das neue Portal in die Hände solcher Nutzerinnen und Nutzer, wird das Finanzministerium mit einer Überschwemmung durch völlig irrelevante Anzeigen rechnen müssen. Sogar sogenannte Denial-of-Service (DoS)-Attacken sind vorstellbar, bei denen das Portal mit so vielen fiktiven Meldungen überlastet wird, dass es seine Dienste zumindest vorübergehend einstellen muss. Zuletzt eröffnen sich mit dem Portal zumindest theoretisch neue Möglichkeiten, auf vertrauliche Daten zuzugreifen. Da die Daten digital erfasst werden, sind sie auch digital abgespeichert. Damit ist auch ein Zugriff von extern grundsätzlich möglich. Anonyme Briefe dagegen liegen nur vor Ort beim Finanzamt vor. Man müsste sie stehlen, um Einblick zu bekommen. Auch hier verändert die Digitalisierung also das Risiko für die Betroffenen.

Diese Überlegungen führen dazu, dass in Deutschland Digitalisierung meist auf erhebliche Vorbehalte stößt. Diese Vorbehalte sind verständlich, vor allem weil bisher nicht final geklärt ist, wie Daten sicher geschützt werden und gleichzeitig für eine digitale Verarbeitung zugänglich sein können. Aber wir sollten nicht aus Angst aufhören, darüber nachzudenken, was wir schützen wollen und wie viel Aufwand wir treiben wollen, um Daten zu schützen.

Welche Daten wir schützen wollen, muss auch in Zukunft ausgehandelt werden. Wer seinen Namen und private Informationen auf Facebook/Meta bereitstellt, muss sich darüber im Klaren sein, dass diese Daten damit praktisch öffentlich sind. Der Zweck von Facebook/Meta ist ja gerade, dass wir mit Freunden und Bekannten Informationen und Daten teilen. Die Einladung zum Geburtstag und die Fotos von der Feier sollen zugänglich sein. Dabei ist es sinnlos, anzunehmen, dass alle Fotos nur mit jenen geteilt werden, die Zugang zu unseren Daten auf Facebook/Meta haben. Sind Daten einmal digital, können sie zunächst beliebig kopiert und verteilt werden. Der Schnappschuss von der feucht-fröhlichen Feier kann nicht nur 2022 den britischen Premierminister aufgrund seines Verstoßes gegen die Corona-Bestimmungen und aufgrund der Wirkung auf sein Image in der Öffentlichkeit in Bedrängnis bringen, sondern schon seit Längerem jeden und jede, der oder die zulässt, dass so ein Foto digital aufgenommen wird. In einer Welt voller Smartphones ist es also zunehmend schwieriger oder beinahe unmöglich, diesen Teil der Privatsphäre zu schützen.

Wir müssen aber auch aushandeln, mit welchem Aufwand wir digitale Daten vor Missbrauch schützen wollen. Unsere Reisepässe liegen meist zu Hause in einer Schublade. Eigentlich ist das kein sicherer Ort für so sensible Daten. Wir gehen aber davon aus, dass die Schublade in einer verschlossenen Wohnung relativ sicher ist, und wir gehen davon aus, dass die Strafe für Einbruch und Diebstahl hoch genug ist, um abschreckend zu wirken. Wir versperren also unsere Türen und schließen alle Fenster, wenn wir das Haus verlassen und sind überzeugt, dass wir genug getan haben, um unsere Daten zu schützen. Viel schwieriger ist das bei digitalen Daten. Die Tür zu unseren persönlichen Daten auf unseren Laptops, Tablets, Smartphones und anderen Geräten steht praktisch immer offen, denn wir verbinden uns gerne automatisch mit dem Internet. Dabei achten wir meist nicht einmal besonders darauf, wer auf unsere Daten zugreifen kann. Immer wieder wird etwa bekannt, dass Systeme nicht mit einem Passwort geschützt wurden. Viele Menschen greifen auf Passwörter zurück, die trivial sind wie etwa »12345678«. Das ist etwa so, als würde man seine Haustür durch einen Vorhang ersetzen. Hier ist also zunächst einmal die Eigentümerin oder der Eigentümer der Daten verpflichtet, sich um die eigene Sicherheit zu kümmern.

Fakt ist: Es gibt auch im Digitalen Einbrüche und Diebstahl. Lange Zeit war das ein vernachlässigter Aspekt des Internets. Nur langsam hat der Rechtsstaat auf die neue Bedrohung reagiert. Wo die Probleme liegen, wird im nächsten Abschnitt kurz beschrieben.

Recht

Neben der Frage des Datenschutzes wirft die Digitalisierung eine Reihe von weiteren Fragen auf, die heute nur teilweise beantwortet sind. Dass die Rechtssicherheit in einigen Bereichen der Digitalisierung fehlt, wird heute von einigen Fachleuten als größtes Hindernis beim weiteren Ausbau der Digitalisierung angesehen. Neu sind solche Probleme allerdings nicht. Alle Technologien werfen neue Rechtsfragen auf, und eine demokratische Gesellschaft muss darauf reagieren und aushandeln, in welchem Rahmen neue Technologien genutzt werden sollen.

Für die Digitalisierung steht heute an rechtlichen Fragen vor allem der Umgang mit dem Internet im Vordergrund. In den letzten Jahren ist das heftig diskutiert worden. Um die Diskussionen vollständig nachzuvollziehen, ist es notwendig, zu verstehen, woher das Internet kommt und wie es sich im Lauf der Zeit entwickelt hat.

In seinen Ursprüngen war das Internet eine Entwicklung aus der Forschung. Amerikanische Universitäten und Forschungseinrich-

tungen waren durch ein Netzwerk verbunden, und Wissenschaftlerinnen und Wissenschaftler konnten sich so leichter und schneller
untereinander austauschen und auch Daten teilen. Dieser wissen-
schaftliche Hintergrund des Internets spielt noch heute eine wichtige
Rolle. Er blieb bis weit in die 90er-Jahre hinein erhalten und begrün-
dete damit den Mythos einer offenen Gesellschaft aus Wissenschaftlerinnen und Wissenschaftlern. In diesem sehr speziellen Biotop entstanden die ersten Diskussionsplattformen, die schnell weit über die
Wissenschaft hinausgingen und begannen, sich in diversen Diskus-
sionsgruppen allen möglichen Themen zu widmen – von allgemeinen politischen Themen bis zu speziellen Themen der Popmusik.

In diesen Gruppen war zunächst alles erlaubt. Da alle Beteiligten nur durch einen Account gekennzeichnet waren – und selten
ihren wirklichen Namen verwendeten –, entstand hier eine hier-
archielose, anarchische Atmosphäre. Studierende oder Professo-
rinnen und Professoren waren nicht als solche zu erkennen. In der
idealisierten Vorstellung dieser Zeit war damit eine basisdemo-
kratische Plattform entstanden. Doch diese Plattform zeigte auch
schon die Schwächen des Internets auf. Weil die Beteiligten meist
anonym waren und man das Gegenüber nicht sehen konnte, gingen wesentliche Aspekte einer Kommunikation schnell verloren.
Ironie war nicht als solche erkennbar. Niemand sah die Miene des
Gegenübers, an der man hätte erkennen können, ob etwas freundlich oder aggressiv gemeint war. Es entstanden die ersten heftigen
und hochaggressiven Diskussionen – heute würde man von »Shit-
storms« sprechen.

Trotzdem prägt die Erinnerung an diese Zeit heute noch immer die Debatte darüber, was im Internet erlaubt sein soll und was
nicht. In der Idealvorstellung der ersten Benutzerinnen und Benutzer des Internets soll das Internet auch heute noch ein Raum sein,

der sich – völlig frei von staatlichen Eingriffen – selbst regulieren soll. Daraus entstanden die heftigen Diskussionen, die uns heute noch begleiten. Dürfen Menschen im Internet anonym bleiben? Darf der Staat regulieren, was im Internet gezeigt wird? Darf der Staat definieren was »gut« und »schlecht« ist, wenn es um Inhalte im Internet geht?

Tatsächlich war die erste Phase des Internets eine relativ anarchische, aber sie war weiterhin getrieben von den Themen, die die Wissenschaft setzte und blieb in einem überschaubaren Umfeld. Durch die Öffnung des Internets jenseits der Wissenschaft und die Verfügbarkeit des World Wide Web (WWW) begann das Internet jedoch, sich rapide zu verändern. Die nun folgende Phase muss man aus rechtlicher Sicht als die Phase der völligen Anarchie betrachten. In dieser Phase in den 90er-Jahren und Anfang unseres Jahrhunderts entstanden die großen Internetkonzerne (Amazon 1994, Google 1997, alibaba 1999, Facebook 2004). In einem rechtlich kaum bzw. gar nicht geregelten Raum konnten sich die durchsetzen, die die Freiheit von Spielregeln optimal für sich und ihre Konzerne nutzen konnten. Der Aufstieg der Oligarchen des Internets in den USA und China verdankt sich dieser rechtsfreien Zeit. Staaten weltweit wurden von der Entwicklung überrollt.

Als Bundeskanzlerin Angela Merkel 2013 in einer Pressekonferenz erklärte: »Das Internet ist für uns alle Neuland«, wurde sie dafür von den Medien, aber mehr noch vom Netz mit Spott überschüttet. Dabei hatte sie nur zum ersten Mal öffentlich beschrieben, was für Beobachterinnen und Beobachter des Verhältnisses von Staat und Internet längst klar war: Der Staat stand dem Internet verständnislos gegenüber. Er hatte tatenlos zugesehen, wie Internetkonzerne Monopole aufgebaut hatten, die sich dem Staat nicht nur technisch, sondern auch rechtlich entzogen. Technisch, weil die staatlichen Stellen 2013 den Internetgiganten an Mitteln und Wissen deutlich unterlegen waren. Rechtlich, weil es gelungen war, die idealistische Vorstellung der Wissenschaft von einem offenen – also rechtsfreien – Raum zu ihren eigenen Gunsten in einen monopolistischen rechtsfreien Raum umzubauen. Tatsächlich kontrollierte nun nicht mehr der Staat den Zugang zu Informationen und die Diskussion der Benutzerinnen und Benutzer des Internets. Der Staat war erfolgreich durch wenige Internetkonzerne ersetzt worden. Staatliche Kontrolle der Kommunikation ruft zunächst und spontan Widerspruch hervor. Jedenfalls so lange, wie man nicht selbst den Folgen von digitalem Mobbing, Fake News oder Hate Speech ausgeliefert ist. Spätestens dann wird aber allen Betroffenen bewusst, dass die bestehende staatliche Kontrolle der Medien (Print, Fernsehen) durchaus auch in den digitalen Medien sinnvoll und sogar höchst willkommen ist. Nur in einem staatlich garantierten Ordnungsrahmen, der festlegt, wo kriminelles Verhalten beginnt, ist eine offene Diskussion überhaupt möglich.

Wie bei allen Monopolen und Oligopolen ist es für den Staat auch im Internet schwierig, die Kontrolle wieder zurückzugewinnen. In Deutschland stehen einer solchen Kontrolle vor allem zwei Hindernisse im Weg.

Zum einen ist auch in Deutschland die Diskussion über die Rechte des Staates im Internet geprägt davon, dass die Nutzerinnen und Nutzer des Internets noch immer von einem Internet jenseits staatlicher Kontrollen träumen und sich erhoffen, dass durch die Abwehr staatlicher Kontrolle, die anarchische Freiheit des ursprünglichen Internets erhalten werden kann. Dabei wird übersehen, dass das Internet längst zum Markt geworden ist und damit marktwirtschaftliche Gesetze seine Inhalte bestimmen. Genauso wird übersehen, dass das Internet klare Anzeichen eines Marktversagens zeigt. Der Markt ist zu einem Oligopol verkommen, in dem wenige Konzerne den Zugang und die Inhalte kontrollieren.

Die Frage, die sich in Bezug auf die Freiheit im Internet stellt, ist also keine Frage von Kontrolle durch den Staat oder nicht. Es ist längst die Frage geworden, ob eine demokratisch legitimierte Regierung oder die Geschäftsführung eines Weltkonzerns darüber entscheiden soll, was im Internet geschrieben, diskutiert und veröffentlicht werden kann und soll. Es geht auch und vor allem darum, wo die Grenzen der Kommunikation liegen – Kinderpornografie und Nazipropaganda sind hier wohl die klarsten Beispiele, die verdeutlichen, warum eine Kontrolle der Inhalte durchaus kein Eingriff in unsere demokratischen Freiheiten sein muss.

Im Windschatten dieser Debatte über das Internet als offenen Raum haben sich darüber hinaus kriminelle Praktiken entwickelt, deren Verfolgung durch die Diskussion zunächst massiv behindert wurde. In einer ersten Phase war Kriminalität im Internet kaum sichtbar. Die Opfer von Betrugsmaschen schwiegen meist aus Scham. Die Polizei hatte keinen Zugang zum Internet, war mit der Technik nicht vertraut und war damit den kriminellen Organisationen im Internet deutlich unterlegen. In einer zweiten Phase stieg aber die Zahl der Betroffenen deutlich an. Jetzt hatten nicht mehr nur Wissenschaftlerinnen und Wissenschaftler Zugang zum Internet, sondern das Internet öffnete sich für das breite Publikum. Damit stieg die Zahl derer, die als Laien und unvorbereitet ins Internet gingen. In dieser Phase bekam das Problem der Kriminalität im Internet steigende Aufmerksamkeit in den Medien. Berichte über Betrügereien aller Art füllten die einschlägigen Sendungen deutscher Fernsehprogramme. Der Druck auf die Politik, die Polizei und die Justiz stieg. Internetkriminalität war bei den Menschen angekommen.

Als Reaktion darauf begannen nun die staatlichen Stellen, gesetzliche Grundlagen zu entwickeln, um das Internet zu regulieren. Gleichzeitig wurden Strukturen geschaffen, um die Strafverfolgung im Internet zu verbessern oder überhaupt möglich zu machen. Schließlich mussten Rechtsfragen auch gerichtlich geklärt werden. Die Epoche des rechtsfreien Internets begann, sich ihrem Ende zuzuneigen.

Diese Phase der staatlichen Sicherung des Internets ist bei Weitem noch nicht abgeschlossen. Wir erleben heute noch immer Debatten darüber, wo die Macht der Konzerne enden soll und wo der Staat durch entsprechende Eingriffe die Rechtssicherheit wiederherstellen kann.

Ein kleines Beispiel dafür ist die Diskussion von »Hass im Netz«. Zunächst scheint klar zu sein, dass Bedrohung, Hetze und Beleidigungen in Deutschland grundsätzlich verboten sind. Einschlägige Paragrafen des Strafgesetzbuches regeln diese Frage und gewähren den Betroffenen Schutz, indem sie die Strafverfolgungsbehörden verpflichten, diese Straftaten zu verfolgen. Was aber zunächst klar zu sein scheint, wird in der Diskussion über die »Freiheit« im Internet zum Problem. Zum einen verteidigen noch immer Menschen die absolute Freiheit, im Internet alles zu veröffentlichen, ohne die Konsequenzen dafür tragen zu müssen. Zum anderen bestehen Internetkonzerne darauf, dass die Einhaltung einschlägiger strafrechtlicher Bestimmungen für sie gar nicht möglich sei – in Wirklichkeit würde es wohl nur die Kosten deutlich erhöhen und wäre zu teuer. Zum Dritten sind Gerichte bei der Frage danach, wie das Internet zu beurteilen sei, noch in einer Findungsphase.

Als Beispiel sei hier der Kampf von Grünen-Politikerin Renate Künast beschrieben. 2019 wurden ihr im Internet politische Positionen unterstellt, die sie nie vertreten hatte. Diese lösten massive

Beleidigungen im Internet aus. Renate Künast musste zivilrechtlich gegen die Beleidigungen einschreiten und bis zum Bundesverfassungsgerichtshof gehen, um das Offensichtliche zu erreichen: die Erkenntnis, dass eine Beleidigung auch im Internet eine Beleidigung ist und als solche gesehen und verfolgt werden muss. Formal wurde dabei die Frage diskutiert, ob Meinungsfreiheit und Persönlichkeitsrechte gegeneinander abgewogen werden müssten. Auch wenn nie offiziell festgehalten wurde, dass die Äußerungen im Internet anders betrachtet wurden, als wenn sie in einer Zeitung oder bei einer Veranstaltung vorgebracht worden wären, ist doch eines klar: Hätte der Ausdruck »Drecks-Fotze« in einer deutschen Zeitung gestanden, wäre das folgende Gerichtsverfahren wohl sehr viel schneller beendet gewesen und das Urteil auch sehr viel deutlicher ausgefallen.

Unwissenheit im Umgang mit dem Internet einerseits und eine völlig verfehlte Vorstellung vom Internet als einem idealen herrschaftsfreien Raum haben auch in Deutschland dazu geführt, dass das Internet zumindest teilweise zum rechtsfreien Raum verkommen ist – mit allen negativen Auswirkungen, die von Hetze bis zu Betrug reichen. Politik, Justiz und Polizei haben begonnen, diese Situation zu verbessern. Sie stehen dabei wenigen großen Konzernen gegenüber, für die jegliche Regulierung mit Mehrkosten verbunden ist und die daher selbstverständlich gegen Regulierungen ankämpfen. Sie stehen aber auch einer Gruppe von Internetnutzerinnen und -nutzern gegenüber, die ihren anarchischen Freiraum im Internet verteidigen, ohne zu sehen, welche Folgen das für die Gesellschaft als Ganzes hat, und die damit auch den Erfolg des Internets zunehmend gefährden.

Zwei Punkte werden in der Diskussion um die rechtliche Lage im Internet immer wieder vorgetragen. Beide versuchen, den Eindruck zu erwecken, das Internet sei so neu und so anders, dass das Recht im Bereich des Internets grundsätzlich versagen müsste.

Zunächst wird argumentiert, dass das Internet keine Staatsgrenzen kenne und sich daher auch grundsätzlich staatlicher Regelung und Strafverfolgung entziehen könne. Dies sei angeblich unvermeidlich. Dem ist mitnichten so. Das Internet ist nicht der einzige Bereich, der über staatliche Grenzen hinausgeht. Flugverkehr und Schiffsverkehr sind Beispiele dafür, wie überstaatliche Vereinbarungen dafür sorgen können, dass Dinge, die zwischen Staaten passieren, trotzdem sauber rechtlich geregelt werden können. Solche internationalen rechtlichen Vereinbarungen kann man auch für das Internet treffen – wenn der politische Wille dazu vorhanden ist. Schon jetzt ist es darüber hinaus möglich, die Methoden der internationalen Strafverfolgung zu nutzen, um Täterinnen und Täter, die im Ausland sind, zur Rechenschaft zu ziehen. Das ist – wie im gesamten Rechtssystem – nicht immer erfolgreich, wenn einzelne Staaten nicht ausreichend Energie in die Ausforschung von Täterinnen und Tätern stecken. Das Problem liegt aber dann nicht im Internet, sondern im fehlenden Rechtssystem des betroffenen Landes. Wenn also etwa Russland seine kriminellen Hackerinnen und Hacker ebenso wenig ausliefert wie seine Auftragsmörderinnen und -mörder, so liegt das nicht an einem prinzipiellen Mangel des Internets, sondern an einem prinzipiellen Mangel des russischen Rechtssystems.

Als zweites Argument wird angeführt, dass die Überprüfung der Inhalte des Internets ein derart großer Aufwand wäre, dass er sich nicht lohne bzw. unmöglich sei. Dieses Argument wird meist von jenen vorgebracht, die die Kosten zu tragen hätten. Das Argument ist durchaus valide: Die Gewinne diverser Internetkonzerne würden tatsächlich reduziert werden, wenn diese verpflichtet wären, dafür zu sorgen, dass Drohungen, Schmähungen, rufschädigende falsche Behauptungen und weitere Straftaten auf ihren Plattformen nicht mehr möglich sind. Hier stellt sich aber doch die Frage, ob und warum Bürgerinnen und Bürger auf den Schutz ihrer Privatsphäre und Würde verzichten müssen, weil Internetkonzerne die hohen Kosten zum Schutz dieser Privatsphäre und Würde scheuen. Aus staatlicher Sicht wären die Kosten durchaus überschaubar. Denn die Kombination aus Fahndungsdruck und strafrechtlichen Konsequenzen für Internetkonzerne würde vermutlich ausreichen, um Hetze und Gewalt im Internet auf das Maß zu reduzieren, das wir auch im analogen und realen Leben sehen.

Es gibt erste Ansätze von Staaten, diese Probleme anzugehen. Spezielle Stellen in Justiz und Polizei beginnen, sich der Probleme anzunehmen. Gesetzliche Bestimmungen wurden geschaffen, um zum Beispiel Hetze und Hass im Netz zu unterbinden. Diese Gesetze stoßen noch an Grenzen, und Internetgiganten versuchen, sich den Konsequenzen – und hier vor allem den Kosten – zu entziehen. Dennoch sind dies erste gute Ansätze, die man weiterverfolgen muss. Letztendlich muss das Internet zu einem ebenso rechtssicheren Ort gemacht werden wie jeder andere öffentliche und private Ort. Der Weg, einen staatlichen Ordnungsrahmen auch für das Internet festzulegen, muss also fortgesetzt werden. Damit muss auch die Debatte darüber weitergehen, wie Bürgerinnen und Bürger das Internet der Zukunft ausgestalten wollen. Denn der Ordnungsrahmen muss die Wünsche und Bedürfnisse der Nutzerinnen und Nutzer ins Zentrum stellen.

7 DIE DEUTSCHE HALTUNG ZUR DIGITALISIERUNG

Die Beschäftigung mit der Digitalisierung in Deutschland führt uns zur Erkenntnis, dass Deutschland einen deutlichen Rückstand in der Digitalisierung aufweist, obwohl es prinzipiell über alle notwendigen Voraussetzungen verfügt, um die Digitalisierung zum Wohle seiner Bewohnerinnen und Bewohner einzusetzen. Dem Land fehlen keinesfalls die notwendigen finanziellen Mittel, um sich zu digitalisieren. Die Eliten der deutschen Industrie stehen der Digitalisierung positiv gegenüber. Regierungsprogramme stellen seit Langem die Notwendigkeit der Digitalisierung fest und geloben, die Digitalisierung voranzutreiben. Wirtschaft und Politik wären also theoretisch gewappnet für die anstehenden Herausforderungen.

Macht man sich also auf die Suche nach den Hindernissen für die Digitalisierung, wird man nicht auf den ersten Blick fündig. Es stellt sich somit die Frage nach den Ursachen. Die Bemerkung des früheren EU-Kommissars Günther Oettinger, wonach die Schwaben wüssten, wie man Metall bearbeitet, aber nicht verstünden, wie man digitalisiert, sodass es besser wäre, sich auf das Metall zu konzentrieren, bringt uns an der Stelle nicht weiter. Digitalisierung ist kein komplexeres Hexenwerk als der Bau eines Mercedes. Im Gegenteil: Schon heute stellen digitale Komponenten zentrale Bauteile und signifikante Anteile an der Wertschöpfung eines modernen Fahrzeugs dar, und nichts deutet darauf hin, dass deutsche Automobilhersteller nicht in der Lage wären, in diesem Bereich international konkurrenzfähig zu bleiben.

Wollen wir also die Ursachen des deutschen Rückstands in der Digitalisierung suchen, so müssen wir den Blick weg von Technik, Industrie und Politik lenken und uns mit den Einstellungen der Menschen im Land beschäftigen. Wenn Menschen es könnten, aber nicht wollen, muss man nach den Motiven fragen.

Digitalisierung als Heilsbringer und Moloch

Die deutschen Psychoanalytiker Alexander und Margarete Mitscherlich legten 1967 mit dem Werk *Die Unfähigkeit zu trauern: Grundlagen kollektiven Verhaltens* eine Art Analyse der deutschen Seele nach dem Zweiten Weltkrieg vor. Ausgelöst durch die Schwierigkeiten, die Geschichte des Nationalsozialismus aufzuarbeiten, beschäftigten sie sich mit der psychischen Verfasstheit der Menschen in Deutschland. Eine ihrer Erkenntnisse war die Unsicherheit im Umgang mit dem Neuen und Ungewohnten in der Technik, die dazu führte, dass das Neue entweder in den Himmel gehoben oder gefürchtet wurde. Angesichts eines Mangels an rationaler Analyse und einer mangelnden Fähigkeit, die Realität rational einzuschätzen, waren das die zwei Auswege aus den vermeintlichen – durch die Technik verursachten – Krisen.

Tatsächlich sehen wir auch noch heute im Umgang mit der Digitalisierung diese beiden Sichtweisen. Die Möglichkeiten und Folgen der Digitalisierung werden typischerweise deutlich überschätzt – das aber sowohl im Guten als auch im Schlechten. Man findet in Deutschland sowohl die Vorstellung, dass die Digitalisierung in der Lage wäre, alle unsere Probleme zu lösen, als auch die Vorstellung, dass die Digitalisierung kurz davorsteht, unsere Demokratie zu zerstören.

Digitalisierung löst alle unsere Probleme

Indem sie die Potenziale der Technik überhöht, sieht ein Teil der Bevölkerung einer rosigen Zukunft entgegen, in der die Technik all unsere Probleme lösen wird. Das ist durchaus nicht auf die Digitalisierung beschränkt. Auch andere Bereiche der wissenschaftlichen Entwicklung profitieren oder leiden unter diesen überzogenen Vorstellungen davon, welche Probleme in Zukunft wie durch Zauberhand verschwinden werden.

Ein gutes Beispiel dafür ist die Geschichte der Atomkraft. Als ich 1974 im Alter von neun Jahren in die vierte Klasse Grundschule in einer alpinen Kleinstadt in Österreich kam, begrüßte uns am ersten Schultag als Klassenlehrer der Direktor der Grundschule mit einer kleinen Rede. Neben allerlei klugen Hinweisen auf die Bedeutung von Bildung und insbesondere die Bedeutung der vierten Grundschulklasse für unsere weitere schulische und berufliche Karriere schnitt der Direktor auch ein aktuelles Thema an. Die Republik Österreich hatte 1969 beschlossen, ein Atomkraftwerk zu errichten. Dieses sollte etwa zehn Jahre später in Betrieb gehen. Unser Direktor war von dieser Idee offenbar begeistert, denn er malte uns unsere Zukunft in den leuchtendsten Farben aus. Wir seien, so seine Botschaft, die erste Generation in der Geschichte der Menschheit, die das größte Problem der Menschheit gelöst habe: die Energiefrage. Wir würden die erste Generation sein, die sich nie wieder Gedanken machen müsse über die Energieversorgung. Angesichts der schon in den 80ern diskutierten Erwärmung der

Erde durch menschliche Aktivitäten und der damit verbundenen Diskussion über die Reduktion unseres Energieverbrauchs – sei es für Heizungen, sei es für Fahrzeuge –, hat mich die Erinnerung an diese Rede mit ihrer optimistischen Weltsicht immer mit einem ironischen Lächeln zurückgelassen. Besonders wenn wieder einmal in den Medien die Lösung unserer Probleme durch Technologie verkündet wurde.

Aber aus den Worten des Grundschuldirektors sprach letztlich nur jener naive Optimismus, der in Technik kein Werkzeug, sondern eine Erlösung sieht. Auch die Digitalisierung hat Prediger und Verkünderinnen ihrer Wunderwerke. Je nach Leserschaft oder Zuhörerschaft verkünden sie regelmäßig die Lösung verschiedener Probleme. Meist wird dazu eine technische Entwicklung aus dem Silicon Valley der USA oder aus China zur Grundlage genommen und aus dieser eine völlig neue Welt abgeleitet. Grundlage der meisten dieser Heilsversprechen ist der feste Glaube daran, dass die Digitalisierung uns vor allem von unseren menschlichen Schwächen erlösen wird.

Diese als »Posthumanismus« bekannte Idee wird prominent von Ray Kurzweil in seinem Werk über die Singularität[19] vertreten. Sie findet eine zunehmende Anhängerschaft unter denen, die von den biologischen und psychologischen Defiziten der Menschen frustriert sind. Insbesondere die künstliche Intelligenz findet hier ihre Gefolgschaft. Diese Menschen sind fest davon überzeugt, dass ein Programm, das als »intelligent« bezeichnet wird, bereits über

---

19 Ray Kurzweil, *Menschheit 2.0 – Die Singularität naht*, 2013 (englisch 2005). Kurzweil arbeitet bereits an einem weiteren Buch, das 2023 erscheinen wird und den Titel tragen soll *The Singularity is nearer* (wörtlich: Die Singularität ist näher).

menschliche Intelligenz verfügt. Durch den Einsatz schneller Rechner wird dann aus der »Intelligenz« eine »Überintelligenz«, die dem menschlichen Verstand – und seinen durch Gefühle geprägten Absurditäten – überlegen sei.

Eine rationale und nüchterne Betrachtung hat in diesen Heilsszenarien kaum Platz. Zu sehr wird eine problemfreie Zukunft durch Digitalisierung beschworen, um sich mit den Grundlagen, Entwicklungen, Potenzialen und Risiken pragmatisch auseinanderzusetzen. Schlimmer noch: Da die Digitalisierung ohnehin alle unsere Probleme lösen soll – darunter auch das Problem der Entwicklung noch besserer digitaler Systeme –, lässt diese überoptimistische Sichtweise auch keinen Raum für die Frage: Was müssen wir verstehen lernen und tun, um eine Zukunft zu erreichen, die auch nur in die Nähe unserer utopischen Träume kommt? Der Optimismus verstellt uns damit den Blick auf das heute Notwendige und führt mitunter sogar zu der paradoxen Sichtweise: Es ergibt keinen Sinn, die heutige Technologie zu verstehen, denn morgen wird diese ohnehin überholt sein.

Digitalisierung zerstört unsere Lebenswelt

Dem überoptimistischen und utopischen Bild der digitalen Zukunft steht ein dystopisches und überpessimistisches Bild gegenüber. In diesem Bild steht die Digitalisierung für alles, was unsere menschliche Zivilisation bedroht. Auch dabei muss der Digitalisierung eine Wirkungsmacht zugeschrieben werden, die weit über ihre Fähigkeiten hinausgeht.

Ein bekanntes Beispiel für eine Dystopie ist die Geschichte von der Totalüberwachung der chinesischen Bevölkerung durch eine Art Superintelligenz im sogenannten Social Credit System. Berichte darüber füllen deutsche Medien seit einiger Zeit und verweisen auf die Möglichkeiten der Totalüberwachung durch den Staat, die die Digitalisierung möglich machen soll. Dabei verbinden sich neue Ängste vor den oft übertrieben dargestellten Möglichkeiten der Digitalisierung mit traditionellen Ängsten vor China, die bei Herder, Hegel und Marx im Begriff der »orientalischen Despotie« ihren adäquaten Ausdruck fanden.

Das »Social Credit System« ist derzeit nur an ausgewählten Standorten im Probeeinsatz. Darüber hinaus zielt es derzeit weniger auf die tägliche Überwachung der Bürgerinnen und Bürger Chinas, sondern zunächst auf eine Reihe von Maßnahmen, die in einem modernen Industrieland zum Alltag gehören (Kreditwürdigkeit wie in der deutschen SCHUFA, Verkehrsstrafregister wie bei uns »Flensburg«, Strafregister). Zum anderen kombiniert es diese Informationen aber mit Überwachungsdaten zahlreicher digitaler Kameras und nutzt die verfügbaren Informationen nicht nur in Bereichen, in denen sie gebraucht werden (Kreditvergabe, Führerscheinentzug), sondern auch darüber hinaus. Präsentiert wird jedoch in der deutschen Diskussion meist ein digitales Gesamtsystem, dessen Fähigkeiten dann auch noch weit übertrieben dargestellt werden. Ein solches Gesamtsystem existiert derzeit nicht. Ob es je existieren wird, ist zumindest fraglich.

In der negativen Darstellung der Digitalisierung spielen zwei Aspekte eine besondere Rolle, weil sie den Nerv der Menschen treffen.

Zunächst werden digitale Systeme oft als unmenschlich und damit ungerecht betrachtet. Dahinter verbergen sich zwei wesentliche Aspekte. Zum einen rührt diese Angst vor der Ungerechtigkeit des digitalen Systems von der Unkenntnis über das Arbeiten und die innere Logik solcher Systeme. Zum anderen ist diese Vorstellung von einer Zuschreibung menschlicher Verhaltensweisen[20] an den Computer geprägt. Dabei wird ein Paradox menschlicher Vorstellungen von Gerechtigkeit deutlich, das in der lateinischen Redewendung »summum ius, summa iniuria«[21] zum Ausdruck kommt. Als Menschen erkennen wir sehr wohl, dass ein Festhalten an den Buchstaben des Gesetzes dazu führt, dass wir den Eindruck erhalten, ungerechter zu entscheiden. Wir erwarten also unter dem Begriff der Gerechtigkeit, aber auch der Fairness, dass man unsere individuelle Lage in der Behandlung und Entscheidung berücksichtigt, und sind enttäuscht, wenn »ohne Ansehen der Person und des Standes« ein Gesetz buchstabengetreu abgearbeitet wird. Genau das tut aber ein Computersystem: Es arbeitet sein Programm buchstabengetreu ab. Seine Ergebnisse sind daher auch – für unser Empfinden – ungerecht bzw. unfair, weil sie unabhängig von der Person immer das gleiche Ergebnis für die gleichen Daten liefern. Ein digitales System wird einer Stammkundin nie einen anderen Preis berechnen als einem Zufallskunden – wenn die Variable »Kundenbindung« nicht Bestandteil der Preisberechnung ist. Es wird einem Menschen, der in Rente geht, bei gleichen Einzahlungen die gleiche Rente berechnen, unabhängig davon, ob es sich um jemanden handelt, der schwer körperlich gearbeitet hat, oder um einen Büroarbeiter – wenn die Art der Tätigkeit nicht als Variable in die Berechnung eingeht. Der Wunsch der Menschen, Computer und Programme dazu zu nutzen, maximale, weil unpersönliche, Gerechtigkeit zu erzeugen, führt uns zu einem Ungerechtigkeits-

---

20 Ungerechtigkeit und Unfairness sind menschliche Verhaltensweisen und werden üblicherweise keiner Maschine zugeschrieben.

21 Das bedeutet, dass die buchstabengetreue Auslegung eines Gesetzes im Einzelfall zu größter Ungerechtigkeit führen kann.

gefühl, das wir gegenüber einem digitalen System empfinden. Eine Rolle mag dabei auch spielen, dass wir im Umgang mit Menschen im Allgemeinen auf Menschlichkeit hoffen und versuchen, diese durch angepasste Kommunikation (besonderer Charme oder besondere Aggressivität) zu steuern. Digitale Systeme sind für solche menschlichen Versuche der Beeinflussung nicht empfänglich.

Digitale Systeme werden aber auch als Gefahr wahrgenommen. Hier offenbart sich ein weiteres Problem der Technik: Wenn sie nicht verstanden wird, wird ihr aufgrund scheinbar wundersamer Fähigkeiten ein Wille vergleichbar dem Willen des Menschen zugeordnet. Dieses Denken über Technik bzw. dieses Übertragen menschlicher Vorstellungen auf technische Maschinen macht oft den Reiz von Science-Fiction-Filmen aus. Computer entwickeln dort oft ein Eigenleben und richten ihre »Gefühle«[22], die sich immer »zufällig«[23] ergeben, gegen die Menschen. Mitunter führt das in Science-Fiction-Filmen dazu, dass Computer daran arbeiten, die Menschheit als Ganzes auszurotten.[24] Auf diese Art und Weise beeinflussen Filme also noch immer unsere Vorstellung von der Technik um uns herum.

---

22 Im Film *I Robot* richtet eine Künstliche Intelligenz ihre Aggressivität gegen den menschlichen Helden.

23 Im Film *I Robot* spricht der geniale Entwickler von Robotern davon, dass sich »zufällig Codesegmente« neu sortieren und so im Computer etwas Neues entstehen kann, das man als Bewusstsein bezeichnen könnte.

24 Das bekannteste Beispiel dafür dürfte die Filmreihe *Terminator* sein, in der die versuchte Ausrottung der Menschen und der Kampf der Menschheit gegen die Maschinen in epischer Breite dargestellt werden.

Wir müssen so etwas nicht

Zu den oben genannten Gründen, die uns gegenüber Computern bzw. digitalen Systemen voreingenommen machen, kommt aber noch ein weiterer Aspekt. Der Rückstand Deutschlands in der Digitalisierung ist in der Zwischenzeit so deutlich, dass er nicht mehr geleugnet werden kann. Vorwürfe eines Mangels an technischen modernen Fähigkeiten können nicht mehr erfolgreich als unbegründet zurückgewiesen werden, sondern müssen abgewehrt werden. Das klassische Vorgehen ist dabei die Herabsetzung dieser Fähigkeiten oder ihrer Bedeutung.

In einer Diskussion anlässlich der Eröffnung einer digitalen Forschungsfabrik in Stuttgart wurde ich gebeten, ein Eröffnungsstatement zum Thema der digitalen Bildung abzugeben. Überzeugt davon, unter Wissenschaftlern auf das notwendige Verständnis für digitale Bildung zu stoßen, trug ich also die wesentlichen Aspekte der Verbesserung unseres Bildungssystems im Sinne digitaler Bildung vor – und erntete Erstaunen. Die Quintessenz der Reaktionen auf mein Eingangsstatement lässt sich in den Worten eines deutschen Wissenschaftlers zusammenfassen, der ganz offensichtlich mit einer gewissen Geringschätzung von Chinesen einerseits und der Arbeit des Programmierens andererseits ein wenig arrogant und aus seiner Sicht final feststellte:

»Meine Kinder müssen so etwas nicht lernen.
Wenn sie das brauchen, kaufen sie sich einen
billigen Chinesen.«

Diese Aussage spiegelt eine allgemeine Überzeugung wider, dass Deutschland in technischen Dingen der Welt voraus sei. Angesichts deutscher Ingenieurskunst ist Stolz durchaus berechtigt. Aber Stolz wird zu Arroganz, wenn wir nicht verstehen, dass neue Technologien wie die Digitalisierung auch ein neues Lernen erfordern. Wie kritisch diese negative Einstellung gegenüber der Konkurrenz von Staaten wie China – aber auch teilweise Japan oder Südkorea – ist, zeigt ein kleines Buch aus dem Jahr 1895. In seiner Studie »Made in Germany« schreibt Ernest Edwin Williams über die Deutschen:

>*»Germans proved themselves slow to invent, but –*
>*having once addressed themselves in earnest to the*
>*work – extremely quick to profit by the inventions*
>*of other nations…«*[25]

Der Verweis auf die Kunst des Kopierens wird im Zitat ebenso deutlich, wie im Buch immer wieder darauf verwiesen wird, dass die Einstellung englischer Unternehmen durch eine gewisse Verachtung der neuen Entwicklungen in Deutschland geprägt war. Die Voraussagen von 1895 über den Niedergang der englischen Wirtschaft und den Aufstieg der deutschen Wirtschaft aufgrund der englischen Arroganz, sich auf den Lorbeeren der letzten Jahrzehnte auszuruhen und auf die Deutschen herabzuschauen, haben sich Ende des 20. Jahrhunderts als wahr herausgestellt. Wir sollten diesen Fehler der Arroganz in der Konkurrenz mit aufstrebenden asiatischen Staaten nicht wiederholen.

Hinter der oben zitierten Antwort des Wissenschaftlers steckt aber nicht nur eine Fehleinschätzung der Schwierigkeit des Pro-

---

25 Ernest Edwin Williams, *Made in Germany*, William Heinemann, 1895.

grammierens bzw. der Erstellung digitaler Produkte. Sie zeigt auch die völlige Fehleinschätzung der wirtschaftlichen Situation, in der sich Europa und vor allem Deutschland befindet. Die Annahme, Software sei einfach eine nette Ergänzung zu unseren hochwertigen Produkten, ist längst überholt. Technische Produkte wie Fahrzeuge und Maschinen sind längst so weit, dass elektronische und softwaretechnische Komponenten 30 bis 70 Prozent der Wertschöpfung des Produktes ausmachen. Es ist daher auch nicht verwunderlich, wenn chinesische Kolleginnen und Kollegen eine völlig andere Sicht der Dinge haben und eher meinen: Solange China die zukünftige Digitalisierung beherrscht, braucht es für die vergleichsweise einfachen und billigen mechanischen Komponenten nur noch einen billigen Deutschen. Vor dem Hintergrund der aktuellen Diskussion über die Abhängigkeit Deutschlands von China, die sich durch die Pandemie, aber auch durch den Krieg in der Ukraine gezeigt hat, sollte Deutschland beginnen, neu und anders über Digitalisierung nachzudenken.

Zukunftsperspektive

Historisch ist das Misstrauen gegen eine neue Form des Wissens und der Fähigkeiten nicht ungewöhnlich, auch nicht in Deutschland. Schon bei der Einführung der Schulpflicht in Preußen stellte Friedrich Wilhelm I. fest:

> »Wir vernehmen missfällig und wird verschiedentlich von denen Inspectoren und Predigern bey Uns geklaget, dass die Eltern, absonderlich auf dem Lande, in Schickung ihrer Kinder zur Schule sich sehr säumig erzeigen, und dadurch die

arme Jugend in grosse Unwissenheit, so wohl was das lesen,
schreiben und rechnen betrifft…«[26]

Die hier dargestellte »grosse Unwissenheit« wurde durch das Durchsetzen der Schulpflicht nur langsam behoben. Noch im Jahr 1970 war einer meiner sechsjährigen Mitschüler vom Unterricht befreit, weil er bei der Kartoffelernte helfen musste – und das vielleicht auch lieber wollte, als in die Schule zu gehen.

Erst im 19. Jahrhundert entwickelte sich Bildung zu dem, was sie dann vor allem in der zweiten Hälfte des 20. Jahrhunderts war – eine Möglichkeit des sozialen Aufstiegs. 100 Jahre sind eine lange Zeit in einer Welt, die durch zehnjährige Technologiezyklen[27] in der digitalen Welt gekennzeichnet ist. Optimisten mögen einwenden, dass der Beginn der Digitalisierung nun schon rund 80 Jahre zurückliegt, sodass uns nur noch 20 Lehrjahre bis zur digitalen Bildung fehlen. Aber das ist zu kurz gedacht. Digitalisierung verändert sehr viel rascher als die Kulturtechniken des Schreibens, Lesens und Rechnens die Welt um uns herum. Vor allem verändert sie dramatisch die wirtschaftliche Lage der Bundesrepublik Deutschland.

---

26 Friedrich Wilhelm I. am 28. Oktober 1717
27 Von Technologiezyklen in der Digitalisierung sprechen wir, wenn durch eine neue Technologie das Arbeiten in der digitalen Welt revolutioniert wird. In den 80ern war das der PC, in den 90ern war es das Internet, im ersten Jahrzehnt des 21. Jahrhunderts war es das Smartphone und in den 2010er-Jahren die Cloud.

8 ZUSAMMENFASSUNG

Die Corona-Pandemie hat Deutschland in vielerlei Hinsicht überrascht. Sie hat gezeigt, wie robust dieses Land auch mit einer internationalen Krise umgehen kann. Das sollte man nie vergessen. Sie hat aber auch Schwächen Deutschlands aufgezeigt, die es nicht erlauben, einfach zur Tagesordnung zurückzukehren. Die zentrale Schwäche war und ist, dass Deutschland die Digitalisierung der letzten Jahrzehnte in vielen Bereichen einfach verschlafen hat.

Dies weiterhin nicht zur Kenntnis zu nehmen, wäre für die Zukunft des Landes fatal. Es wäre aber ebenso fatal, den Rückstand in der Digitalisierung einfach nur zu beklagen. Im Gegenteil: Es ist an der Zeit, die Lehren aus den Corona-Jahren zu ziehen. Es gilt, zu verstehen, was die wesentlichen Probleme sind, die uns daran hindern, im internationalen Vergleich erfolgreich zu sein, Lösungen auszuarbeiten, die uns helfen, diesen Rückstand aufzuholen und diese Lösungen dann auch entsprechend umzusetzen. Das kann nur gelingen, wenn Politik und Gesellschaft, Wirtschaft und Wissenschaft zusammenarbeiten.

Die ersten beiden Forderungen dieses Buches lauten daher:

1. Hört auf, in die Vergangenheit zu schauen und schaut nach vorne. Was immer wir in der Vergangenheit falsch gemacht ha-

ben, muss nicht beklagt werden, sondern muss genutzt werden, um es in Zukunft besser zu machen.

2. Hört auf, Digitalisierung als die Aufgabe der anderen zu sehen. Wir sind alle gefordert. Genau deshalb schreibe ich als Wissenschaftler dieses Buch.

Dieses Buch hat den Versuch unternommen, in einzelnen Bereichen einen Blick auf den Stand der Digitalisierung und deren Probleme in Deutschland zu werfen. Gleichzeitig hat es zum Ziel, zu verstehen, wo wir derzeit stehen, wohin wir wollen und was uns bisher daran gehindert hat, unsere Ziele zu erreichen.

Deutschland hat die Digitalisierung in der Wissenschaft als Herausforderung früh und sehr erfolgreich aufgegriffen. Der deutsche Ingenieur Konrad Zuse hat die erste Maschine gebaut, die man als den Ursprung von Computern bezeichnen kann. Das war kein Zufall, denn von David Hilbert und vielen anderen Kollegen aus der deutschen Mathematik wurden wesentliche theoretische Grundlagen für die Entwicklung und Nutzung von Computern vor 1933 in Deutschland gelegt. John von Neumann – der Vater aller modernen Computerarchitekturen – war nach seinem Abschluss an der ETH in Zürich bei David Hilbert in Göttingen und habilitierte sich 1927 in Berlin. Diese Tradition deutscher Mathematik und Informatik wurde nach dem Krieg, wo möglich, fortgesetzt – auch wenn viele der klügsten Köpfe hatten emigrieren müssen.

Aus dieser Tradition ergibt sich eine weitere Forderung:

3. Wir können und müssen auf unsere Tradition in der Digitalisierung zurückgreifen. Digitalisierung ist nicht amerikanisch, chinesisch oder japanisch. Wir können das auch.

Auch in der deutschen Wirtschaft wurde die Digitalisierung aufgegriffen. Viele Bereiche – allen voran der Maschinenbau – haben die Potenziale erkannt. Das Konzept von Industrie 4.0 mit seiner Idee, den gesamten Produktionsprozess von der Bestellung über die Produktion bis zur Auslieferung und Wartung von Maschinen oder Produkten (wie Fahrzeugen) zu digitalisieren, hat den Weg gewiesen für die Digitalisierung in der Wirtschaft. Es hat international gezeigt, was möglich ist, und hat dem deutschen Maschinenbau geholfen, seine internationale Spitzenposition zu halten oder sogar auszubauen.

Das führt uns zur nächsten Forderung:

4. Deutschland kann erfolgreich digitalisieren. Wir müssen denen in Deutschland zuhören und zusehen, die es schon geschafft haben. Wir müssen lernen, das zu übertragen, was in anderen Bereichen (z. B. Logistik in der Industrie) helfen kann, und das wegzulassen, was in anderen Bereichen (z. B. dauernde Erreichbarkeit in Firmen durch Smartphones) nur schadet.

Deutschland kann also Digitalisierung. Die große Frage aber ist: Will das Land auch Digitalisierung? In einer Podiumsdiskussion anlässlich des Deutschen Katholikentags 2022 verwies der baden-württembergische Ministerpräsident Winfried Kretschmann darauf, dass man nicht entscheiden kann, ob man Digitalisierung möchte oder nicht. Digitalisierung sei ein Faktum. Tatsächlich wird unsere Zukunft digital sein. Wir haben aber die Wahl, wie wir Digitalisierung gestalten wollen. Wir müssen Digitalisierung nicht erleiden, denn während Digitalisierung selbst unvermeidlich ist, ist es nicht schicksalhaft festgelegt, wie sich die Digitalisierung in

Deutschland entwickeln wird. Die Frage lautet nur: Wollen wir darüber entscheiden, wohin die Reise geht, oder überlassen wir es anderen? Den USA? China? Dem Markt? Einigen großen Konzernen?

Die Forderung, die sich aus diesen Überlegungen ergibt, ist klar:

5. Eine große Tradition und der Nachweis, dass wir es in einigen Bereichen können, reichen nicht aus. Wir müssen Digitalisierung wollen und bereit sein, dafür auch etwas zu tun. Wir müssen unsere innere Einstellung zur Digitalisierung ändern. Wir dürfen nicht gedankenlos hoffen oder uns zu Tode fürchten. Wir müssen realistisch Chancen und Risiken analysieren.

Wenn wir selbst entscheiden wollen, wie wir Digitalisierung gestalten, dann müssen wir uns die großen Baustellen der Digitalisierung ansehen. Sie wurden hier kurz angesprochen, um deutlich zu machen, in welchen Bereichen wir dringend handeln müssen.

Zunächst – und das ist unsere wichtigste Baustelle – müssen wir unsere Einstellung zur Digitalisierung verändern. Die Digitalisierung ist eine Tatsache, die wir anerkennen müssen. Sie kann nicht mehr darauf reduziert werden, dass es hier um eine Kunst geht, die wir Deutsche eben nicht beherrschen und die in den USA, Japan und China gepflegt wird. Wir müssen aufhören, so zu tun, als sei es sozusagen undeutsch, über Digitalisierung nachzudenken oder selbst zu programmieren. Es gibt keinen biologischen oder kulturellen Grund, warum Deutsche nicht in der Lage sein sollten, ebenso erfolgreich zu programmieren oder Systeme zu entwickeln wie Menschen aus den USA, Japan oder China.

Im Gegenteil: Gerade die Beispiele Japan und China zeigen, dass sich Digitalisierung sehr gut mit einer alten, hochentwickelten und kreativen Kultur verbinden kann. Wenn ein Land wie China, das stolz ist auf seine 5000-jährige Geschichte, die neue Welt der Digitalisierung umarmen kann, dann kann das auch das Volk der Dichter und Denker. Wie die deutschen Mathematiker des 19. Jahrhunderts ihre Arbeit mit der Lektüre klassischer Literatur von Homer bis Goethe vereinbaren konnten, so können das auch Deutsche im 21. Jahrhundert. Ein Gedicht zu schreiben, gehört nur in einer Welt, die versucht, Kunst und Gesellschaft fein säuberlich voneinander zu trennen, nicht in dieselbe Kategorie wie das Schreiben eines Programms. Das ist es auch, was ich meinen Studierenden sehr früh in meiner Vorlesung zur Informatik sage: Wer ein gutes Gedicht schreiben kann, der kann auch programmieren. Beides erfordert die Fähigkeit zur Abstraktion ebenso wie die Fähigkeit zur Kreativität. Beides muss sich an Normen orientieren und wird erst herausragend, wenn es über diese Normen hinausgehen kann und die Abstraktion nutzt, um sich kreativ auszudrücken in dem Bedürfnis, ein gestecktes Ziel zu erreichen.

Dass Deutsche gerne philosophieren, ist kein Grund, die Digitalisierung zu verteufeln. Im Gegenteil: In der Philosophie und im Philosophieren greifen wir auf Fähigkeiten zurück, die wir auch in der Programmierung brauchen. Bei beiden geht es darum, sprachlich adäquate Ausdrücke zu finden. Bei beiden geht es darum, sich abstrakt auszudrücken und über den Einzelfall hinaus eine abstrakte Beschreibung der Realität zu finden als Antwort auf eine Frage, die uns die Welt stellt. Zuletzt geht es in beiden Fällen darum, über das logische Denken zu einer allgemeinen Lösung zu kommen.

Trotzdem sind die Vorbehalte groß. Wie wir gesehen haben, liegt das an einem Teufelskreis, den wir in Zukunft werden durchbrechen müssen. Wir lernen zu wenig über Digitalisierung an unseren Schulen. Wir entlassen unsere Kinder ohne die notwendigen Kenntnisse in eine digitalisierte Welt, die ihnen in Arbeit und Freizeit abverlangt, mit digitalen Medien und Werkzeugen umzugehen. Kein Wunder, dass in Umfragen die Wichtigkeit der Digitalisierung von einer großen Mehrheit der Bevölkerung erkannt wird. Kein Wunder aber auch, dass die Menschen gleichzeitig Angst davor haben, digitalisierte Werkzeuge über das Smartphone hinaus zu nutzen. Die endlosen Debatten über die Gefahren des Internets und den Internetkonsum unserer Kinder sind einer Unwissenheit geschuldet, die wir konsequent seit Jahrzehnten nicht beseitigen.

Mangelnde Bildung führt also zu mangelndem Verständnis und damit zu Ängsten und Vorbehalten. Oder einfacher gesagt: Wer es nicht besser weiß, muss seine Wissenslücken mit Ängsten füllen und wird dadurch erst recht blockiert. In der Folge stehen dann auch Eltern der Digitalisierung in der Schule skeptisch gegenüber, und der Kreis beginnt von Neuem. So hat seit den 80er-Jahren des vorigen Jahrhunderts eine Generation nach der anderen die Digitalisierung weniger verschlafen, als vielmehr verdrängt oder sich vor ihr versteckt. Zuverlässig führt daher im persönlichen Gespräch die Aussage »ich habe Informatik studiert« zur Reaktion: »Oh, Gott. Davon versteh ich ja gar nichts.« So wie Menschen sich so oft nur mit Schrecken an den Mathematikunterricht ihrer Schulzeit erinnern, so schrecken sie auch vor der Digitalisierung zurück.

Am Ende führt das zu zwei typischen Reaktionen. In einer Diskussion über Digitalisierung in der Schule empörte sich ein Wissenschaftler: »*Meine Kinder müssen so etwas nicht lernen. Wenn sie das brauchen, kaufen sie sich einen billigen Chinesen.*« Aus diesem Satz spricht eine Arroganz, die sich auf die Erfolge der Deutschen beim Meistern der Technologien des 20. Jahrhunderts stützt. Die Herausforderung der Digitalisierung als treibende Kraft des

21. Jahrhunderts wird völlig ignoriert. Digitalisierung wird stattdessen als exotisch, fremd und als nicht geeignet für gebildete Deutsche angesehen – eine klassische Abwehrreaktion. In vielen Diskussionen wird ein weiteres Argument vorgebracht:»Ja, sollen wir etwa auf Latein verzichten?« Hier wird die Digitalisierung als Bedrohung des bestehenden Bildungskanons angesehen. Dafür gibt es keinen Grund. Der deutsche Bildungskanon enthält alle Grundlagen für die Programmierung. Auch die lateinische Sprache hilft, logisches Denken zu fördern und abstrakte Konzepte zu verstehen. Informatik und Digitalisierung können also in den Unterricht eingebaut werden. Aber wir müssen es wollen.

Um diesen Teufelskreis zu durchbrechen, muss unsere nächste Forderung sein:

6. Wir müssen unseren Kindern das Recht geben, alles das zu erlernen, was in einer digitalisierten Welt notwendig ist, um ihr Leben erfolgreich zu gestalten. Dies ist eine Forderung an die Politik ebenso wie an die Eltern.

Haben wir diesen Teufelskreis durchbrochen, ist es an der Zeit, auch im Bereich der Verwaltungen und Behörden die Potenziale der Digitalisierung auszuschöpfen. Die Situation in diesem Bereich ist für alle Beteiligten unbefriedigend. Die Politik beklagt die steigenden Personalkosten, Verwaltungen beklagen das Fehlen von Ressourcen, Bürgerinnen und Bürger schließlich beklagen die Schwerfälligkeit der Verwaltungsprozesse. Digitalisierung wird dabei noch immer als Bedrohung angesehen. Die Politik beklagt die hohen Kosten der Digitalisierung, Verwaltungen beklagen, dass durch Digitalisierung Arbeitsplätze gefährdet werden könnten, und

Bürgerinnen und Bürger wünschen sich weiterhin den persönlichen Kontakt zur Behörde.

Man kann Digitalisierung tatsächlich auch kontraproduktiv einsetzen. So mancher Service in der Wirtschaft führt uns vor Augen, wie Digitalisierung tatsächlich einen Service verschlechtern kann. Exemplarisch sei hier auf diverse Hotlines verwiesen. Wer ein Problem hat und den Kundendienst kontaktiert, landet in der Zwischenzeit viel zu oft in einem nervigen digitalen System. Hat man die diversen Fragen nach Kundennummer, dem Anlass des Anrufs und noch nach manch anderem beantwortet – was meist ein paar Minuten in Anspruch nimmt –, landet man viel zu oft in einem Callcenter, dessen Mitarbeiterinnen und Mitarbeiter im Schnelldurchgang geschult wurden und die Fragen meist auch nicht beantworten können. Das muss aber nicht sein. Man kann Services auch sinnvoll digitalisieren, und gerade für den öffentlichen Bereich muss nicht die Kostenreduktion im Mittelpunkt stehen, sondern die Serviceoptimierung. Zwei Forderungen schließen sich dieser Diskussion an:

7. Wir müssen unsere öffentlichen Verwaltungen darauf verpflichten, jeden Service möglichst digital anzubieten. Wir müssen aber auch unsere Mitmenschen dazu verpflichten, digitale Services von Behörden und Ämtern zu nutzen.

Spätestens hier werden viele irritiert zusammenzucken. Wenn Services digital bereitgestellt und genutzt werden, stellt sich die Frage nach dem Missbrauch. Das ist eine berechtigte und ernst zu nehmende Frage. Digitale Services können nur funktionieren, wenn die Menschen sicher sein können, dass diese funktionieren und mit ihnen und ihren Daten kein Missbrauch getrieben wird.

Unsere zweite Forderung an die Politik sowie an Ämter und Behörden muss daher lauten:

8. Für alle digitalen Services muss eine sichere Umgebung verfügbar gemacht werden. Unsere Daten müssen so gesichert werden, dass sie nicht missbraucht werden können. Gleichzeitig müssen Services stabil und sicher zur Verfügung stehen, damit wir digitalen Services ebenso vertrauen können wie den Menschen in Ämtern und Behörden.

Diese Forderung ist nur erfüllbar, wenn wir bereit sind, Menschen und Systemen auch zu vertrauen. Wir hören und sehen in unserer täglichen Berichterstattung regelmäßig, dass in digitalen Umgebungen Missbrauch getrieben wurde. Dieser Missbrauch verstärkt unser Misstrauen und lässt vielen die Digitalisierung generell als negativ erscheinen. Dahinter stecken zwei wesentliche Probleme. Zum einen ist das Potenzial für Missbrauch in einer digitalen Welt deutlich höher als in einer analogen. Briefträgerinnen und Briefträger mögen Briefe stehlen. Verwaltungsmitarbeiterinnen und -mitarbeiter mögen vertrauliche Informationen weitergeben. Das passiert auch in einer analogen Welt, aber in einer analogen Welt haben diese Menschen nur Zugriff auf einen sehr kleinen Teil der Daten ihrer Organisation. In einer digitalen Welt ist potenziell der Zugriff auf sensible Daten sehr viel umfassender. Wir müssen uns damit auseinandersetzen, wie wir dieses Problem lösen können. Unsere Forderung muss sein:

9. Die Privatsphäre in der digitalen Welt muss geschützt werden. Die Rechtssicherheit in der digitalen Welt muss so hoch sein wie in der analogen Welt. Gleichzeitig müssen wir bereit sein,

die restriktive Trennung von Daten in Ämtern und Behörden neu zu verhandeln.

Damit ist nicht einem Ende des Datenschutzes das Wort gesprochen. Die zentrale Frage ist vielmehr: Wie sieht die Privatsphäre in einer digitalen Welt aus? Das impliziert zwei weitere Fragen: Wie soll die digitale Privatsphäre und wie kann sie überhaupt aussehen? Digitale Technik macht vieles möglich. Daten können zum Beispiel nur kurzfristig für einen bestimmten digitalen Verwaltungsvorgang an einer Stelle zusammenlaufen. Digitale Systeme erlauben auch, den Zugriff auf Daten durch »Rollen« zu regeln. Wer in der Rolle eines Sachbearbeiters auf Daten zugreift, hat weniger Rechte als die Benutzerin, die auf die eigenen Daten zugreifen möchte. Diese Techniken müssen wir als Informatikerinnen und Informatiker der Öffentlichkeit erklären, sie verbessern und dann nutzen.

Alles, was bisher gefordert wurde, setzt aber voraus, dass wir über die notwendige Infrastruktur verfügen, um die Forderungen auch umzusetzen. Ohne garantierten Zugang zum Internet helfen digitale Services von Ämtern und Behörden wenig. Ohne stabilen Internetzugang können kranke Schülerinnen und Schüler von digitaler Lehre nicht profitieren. Längst ist das Internet zur kritischen Infrastruktur geworden, die genauso behandelt werden sollte wie andere kritische Infrastrukturen. Wir garantieren Stromversorgung, Wasserversorgung und stellen sicher, dass Services wie Polizei, Feuerwehr und Krankenhäuser uns jederzeit für Hilfe zur Verfügung stehen. Digitale Infrastrukturen müssen ebenfalls als kritische Infrastrukturen betrachtet werden. Das beinhaltet nicht nur die Hardware – also die Kabel, die im Boden liegen, oder die Computer, die den Service erbringen –, sondern darüber hinaus auch die Rechtssicherheit bei der Nutzung dieser Infrastruktur.

Wenn wir wollen, dass die oben genannten Forderungen erfüllt werden, müssen wir als zentrale Forderung verlangen:

10. Die digitale Infrastruktur Deutschlands muss sowohl technisch als auch rechtlich immer auf dem neuesten Stand gehalten werden.

Dieses Buch erhebt keinen Anspruch darauf, vollständig die Situation der Digitalisierung in Deutschland zu erfassen. Sein Ziel war es vielmehr, den Finger in die Wunde zu legen und anhand einiger Beispiele aufzuzeigen, was die Probleme sind und wie diese Probleme behoben werden könnten, um es Deutschland und seiner Bevölkerung zu ermöglichen, die Chancen der Digitalisierung zu nutzen und ihre Risiken zu minimieren. Wenn dieses Buch dazu führt, dass die Diskussion sich von den bisher verbreiteten allgemeinen Appellen zur Digitalisierung weiterentwickelt zur Frage »Was wollen wir wie machen?«, dann ist viel erreicht. Am meisten wäre jedoch erreicht, wenn zehn Jahre nach Erscheinen des Buches sein Inhalt völlig veraltet ist, weil Deutschland auf einer herausragenden industriellen Basis und mit einer exzellenten Bildungslandschaft vom Nachzügler in Sachen Digitalisierung zum Vorreiter der Digitalisierung geworden ist.